活页式教材使用注意事项

根据需要,从教材中选择需要撕下来单独使用的页面。

小心地沿页面根部的虚线将页面撕下。为了保证沿虚线撕开,可以先沿虚线折叠一下。
注意:一次不要同时撕太多页。

撕下的活页式页面或者笔记记录页,使用后放置到封底活页式口袋夹中,以免丢失。

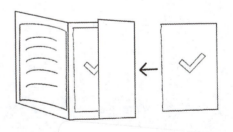

温馨提示: 在第一次取出教材正文页面之前,可以先尝试撕下本页,作为练习。

高等职业教育新形态一体化教材

证券投资实务

（活页式教材）

主　编　谢喻江
副主编　王炎灿　白巍
参　编　李尚真　李煌

北京理工大学出版社
BEIJING INSTITUTE OF TECHNOLOGY PRESS

版权专有　侵权必究

图书在版编目（CIP）数据

证券投资实务 / 谢喻江主编. -- 北京：北京理工大学出版社, 2024.6.
ISBN 978-7-5763-4130-0

Ⅰ.F830.91

中国国家版本馆 CIP 数据核字第 20247X4W32 号

责任编辑：封　雪		文案编辑：毛慧佳	
责任校对：刘亚男		责任印制：施胜娟	

出版发行 / 北京理工大学出版社有限责任公司
社　　址 / 北京市丰台区四合庄路 6 号
邮　　编 / 100070
电　　话 /（010）68914026（教材售后服务热线）
　　　　　（010）68944437（课件资源服务热线）
网　　址 / http://www.bitpress.com.cn
版 印 次 / 2024 年 6 月第 1 版第 1 次印刷
印　　刷 / 河北盛世彩捷印刷有限公司
开　　本 / 787 mm×1092 mm　1/16
印　　张 / 13
字　　数 / 197 千字
定　　价 / 39.80 元

图书出现印装质量问题，请拨打售后服务热线，负责调换

《证券投资实务》编委

主编

谢喻江（宜宾职业技术学院经贸管理学院）

副主编

王炎灿（宜宾职业技术学院经贸管理学院）
白　巍（中信证券宜宾金沙江营业部总经理）

参编

李尚真（宜宾职业技术学院经贸管理学院）
李　煌（宜宾职业技术学院经贸管理学院）

前　言

高质量发展是全面建设社会主义现代化国家的首要任务。金融是国家经济的血脉和国家核心竞争力的重要组成部分，我国经济社会发展迫切需要金融提供高质量服务。党的二十大报告指出，要深化金融体制改革，建设现代中央银行制度，加强和完善现代金融监管，强化金融稳定保障体系，依法各类金融活动全部纳入监管，守住不发生系统性风险底线。证券市场是直接融资的主要市场，证券市场的良好发展对建设金融强国、实现金融服务中国式现代化具有重要作用。

本教材是为高等职业院校和大学专科学校财务类、金融类专业开展证券投资教学活动而编写的理论实践一体化教材。定位为专业课教材，遵循高素质技术技能人才的成长规律，突出产教融合的教学理念，以"目标导向，任务驱动，理实结合"为指导思想，结合金融服务中国式现代化的要求，采用任务式和模块化的编著方式。本教材将理论和实践结合，结合学生专业能力形成过程，将课程内容分解为若干任务和模块，融入行业企业场景，在完成任务的过程中实现理论和实践教学的充分融合，并以证券投资活动开展过程为主线，结合项目化教学的要求，在介绍证券投资基本理论的基础上吸收和采纳最新研究成果和发展动态，具有科学性、实用性与前瞻性。

本教材主要有以下特点。

（1）突出能力导向，将教学内容任务化、项目化。以证券投资活动开展过程为主线，结合行业、企业需要，分解岗位能力，通过岗位能力的塑造顺序进行任务式内容编写，实现将学生所需的知识、能力和素质等贯穿和融入具体的教学项目中。

（2）突出产教融合特色。本教材突出"做中学，做中教"的产教融合教育理念，将案例和场景任务融入课程学习中，在场景任务的完成过程中实现理论知识和实践技能的提升。本教材坚持落实立德树人的根本任务，引入价值目标和素质案例。

（3）采用活页式教材形式，突出学习方式多样化。本教材采用活页式方法编写场景任务，学生在应用知识和技能完成场景任务的同时，可以灵活学习、记录和反馈。本教材还支持学生通过扫描二维码获取更多视频教学内容的方式学习更多知识，实现了数字媒体信息与教材纸质信息的充分结合。

本教材由谢喻江担任主编；由王炎灿、白巍担任副主编。李尚真和李煌参与了编写。谢喻江负责全书的整体设计、内容选定和统稿；王炎灿负责资料收集和任务单设计；白巍负责提供关于岗位人才素质要求的建议。本教材共分六个项目，其中项目一和项目三由李尚真编写，项目二由李煌编写，项目四和项目五由王炎灿编写，项目六和项目七由谢喻江编写。

本教材的编写借鉴了国内外证券投资相关著作和资料，引用了相关内容和研究成果，在此向有关作者一并表示真诚的感谢。

由于编者水平有限，书中难免存在不妥之处，敬请广大读者批评指正。

编 者

目 录

项目一　认识金融市场 ································· 1

　任务一　熟悉金融市场及其构成要素 ······················· 3
　任务二　理解金融市场的类型和功能 ······················· 6
　任务三　掌握证券市场相关知识 ·························· 12
　任务训练 ··· 19
　活页笔记 ··· 21

项目二　认识金融工具 ································ 23

　任务一　掌握时间价值的载体——债券 ····················· 26
　任务二　认识和理解股票 ································ 34
　任务三　认识和理解证券投资基金 ························ 41
　任务四　认识衍生品 ···································· 45
　任务训练 ··· 49
　活页笔记 ··· 50

项目三　理解证券的发行与交易 ························ 51

　任务一　熟悉证券的发行和证券市场的种类 ················· 53
　任务二　掌握股票的发行与交易 ·························· 56
　任务三　熟悉债券的发行与交易 ·························· 62

任务四　熟悉证券投资基金的募集、交易与登记 …… 65
　　任务训练 …… 73
　　活页笔记 …… 74

项目四　掌握宏观经济分析　　75

　　任务一　开展宏观经济分析 …… 77
　　任务二　熟悉宏观经济政策分析 …… 86
　　任务训练 …… 96
　　活页笔记 …… 97

项目五　开展行业分析和公司分析　　99

　　任务一　掌握证券投资基本分析——进行行业基本分析 …… 101
　　任务二　上市公司基本分析 …… 109
　　任务三　上市公司财务报表分析 …… 114
　　任务训练 …… 128
　　活页笔记 …… 129

项目六　合理使用证券投资技术分析方法　　131

　　任务一　认识技术分析 …… 133
　　任务二　合理使用K线理论 …… 138
　　任务三　掌握切线理论 …… 144
　　任务四　使用形态理论分析走势 …… 150
　　任务五　应用道氏理论、波浪理论与量价关系理论 …… 161
　　任务六　分析涨跌停板制度下的量价关系 …… 167
　　任务训练 …… 168
　　活页笔记 …… 169

项目七　合理使用证券投资的策略方法　　171

　　任务一　选择证券投资策略 …… 175

任务二　选择证券投资方法 …………………………………… 180
任务三　建立证券投资组合 …………………………………… 184
任务四　制定证券投资计划 …………………………………… 187
任务训练 ………………………………………………………… 191
活页笔记 ………………………………………………………… 195

参考文献 ……………………………………………………………… 196

项目一

认识金融市场

【价值目标】

◆ 树立理性投资、长期投资的投资理念，杜绝赌博式投资、借钱投资等不良投资方式。

◆ 从金融强国的角度理解金融市场在中国式现代化中的作用。

【知识目标】

◆ 理解金融市场的概念与功能。

◆ 熟悉金融市场的分类。

【技能目标】

◆ 能理解金融市场的特点和作用。

◆ 能结合中国资本市场特点，理解金融市场的功能。

场外衍生品和 2008 年国际金融危机 MBS

2008 年发生的国际金融危机是由多个因素引起的，其中，住房抵押贷款支持证券（mortgage-backed security，MBS）市场的过度扩张是其中一个重要因素。MBS 是一种场外衍生品，它是将来自个人抵押贷款资产池产生的现金流捆绑、分割并出售给投资者。危机是一系列事件的结果，每一个事件都有自己的导火索。银行体系因此几近崩溃。有人认为，早在 20 世纪 70 年代，美国颁布的《社区发展法案》（Community Development Act）中要求银行放宽对低收入消费者的信贷要求，为这场危机播下了种子，为次级抵押贷款创造了市场。

自 20 世纪 70 年代起，由房地美（Freddie Mac）和房利美（Fannie Mae）担保的次级抵押贷款债务规模持续扩大。21 世纪初，美联储开始通过大幅降低利率以避免经济衰退。宽松的信贷要求推高了房价，制造了房地产泡沫。与此同时，投资银行在互联网泡沫破裂和 2001 年经济衰退后寻求轻松获利，利用在二级市场上购买的抵押贷款创造了一种名为担保债务凭证（Collateralized Debt Obligations，CDO）的场外衍生品。

由于次级抵押贷款与优质抵押贷款捆绑在一起，投资者无法了解与该产品相关的风险。当担保债务凭证市场开始升温时，持续数年的房地产泡沫终于破裂。随着房价的下跌，次级贷款的债务人开始拖欠比他们的房屋价值更高的贷款，加速了房价的下跌。

当投资者意识到 MBS 和 CDO 所代表的有毒证券一文不值时，便试图将这些脱手。可惜，无人接手。随后，次级贷款机构的倒闭造成了流动性危机，蔓延到了银行体系的上层。雷曼兄弟（Lehman Brothers）和贝尔斯登（Bear Stearns）主要的投资银行在次贷风险敞口的重压下倒闭了，在接下来的 5 年里，有 450 多家银行倒闭，就连几家大银行也濒临倒闭。最后由纳税人出资的救助计划拯救了它们。

案例思考：请你谈谈对金融市场的认识？它有哪些作用？

任务一　熟悉金融市场及其构成要素

一、什么是金融市场

金融市场泛指证券交易的任何市场，包括股票市场、债券市场、外汇市场和衍生品市场等。金融市场对经济的平稳运行至关重要。

金融市场有很多种，包括但不限于外汇市场、货币市场、股票市场和债券市场。这些市场可能包括在受监管交易所上市资产或证券的场内交易市场以及场外交易市场（Over-the-Counter, OTC）。

金融市场通过为企业配置资源并创造流动性，在促进经济平稳运行方面发挥着至关重要的作用。市场使买卖双方交易持有的金融资产变得容易。金融市场可以通过证券为那些有多余资金的人（投资者/贷款人）提供回报，并使这些资金可以提供给那些需要额外资金的人（借款人）。

金融市场是通过买卖各种金融工具形成的，包括股票、债券、货币和衍生品等。金融市场在很大程度上依赖信息透明度，以确保市场有效定价。由于税收等宏观经济因素的影响，证券的市场价格可能无法反映其内在价值。

一些金融市场很小，几乎没有交易活动，而另一些市场（如纽约证券交易所等）每天交易的证券金额高达数万亿美元。股票市场是一个让投资者买卖公开交易公司股票的金融市场。一级股票市场是新股发行的市场，新股发行被称为首次公开发行（Initial Public Offering, IPO）。任何后续的股票交易都发生在二级市场上，投资者在那里进行证券交易。

二、金融市场的构成要素

尽管各国各地区金融市场组织形式和发达程度有所不同，但都包含三个基本构成要素，即金融市场主体、金融市场客体和金融市场价格。

1. 金融市场主体

金融市场主体是指在金融市场上交易的参与者。在这些参与者中，既有资金的供给者，又有资金的需求者。二者的相互联系使市场上资金的融通成为可能，从而促进了金融市场的形成。在金融市场上,市场主体具有决定性意义。市场交易主体的数量决定着金融工具的数量和种类,进而决定了金融市场的规模和发展程度。同时,金融市场主体的数量与交易的频繁程度也影响着金融市场的深度、广度与弹性。一般来说,金融市场主体包括家庭、企业、政府、金融机构和金融调控及监管机构。

2. 金融市场客体

金融市场客体即金融工具,是指金融市场上的交易对象或交易标的物。

3. 金融市场价格

金融市场价格是金融市场的基本构成要素之一,它通常表现为各种金融工具的价格。由于金融市场价格与投资者的利益密切相关,受到人们的广泛关注。不同的金融工具有不同的价格,且其变动的影响因素十分广泛,这也使金融市场的价格形成更加复杂。

请问,在金融市场上交易的证券价格一定能真实反映其内在价值吗?

1997 年亚洲金融危机

1997 年 6 月,一场金融危机在亚洲爆发,这场危机发展的过程十分复杂。到 1998 年年底,这场危机的发展过程大体上可以分为三个阶段。

第一阶段为 1997 年 6 月至 12 月。1997 年 7 月 2 日,泰国宣布放弃固定汇率制,实行浮动汇率制,这引发了一场遍及整个东南亚的金融风暴。当天,泰铢兑换美元的汇率下降了 17%,外汇及其他金融市场一片混乱。在泰铢波动的影响下,菲律宾比索、印度尼西亚卢比(以下简称"印尼盾")、马来西亚林吉特(以下简称"马币")相继成为国际炒家攻击的对象。8 月,马来西亚放弃保卫马币的努力,一向坚挺的新加坡元(以下简称"新元")也受到冲击。印度尼西亚(以下简称"印尼")虽是受"传染"最晚的国家,但受到的冲击最为严重。10 月下旬,国际炒家移师国际金融中心香港,矛头直指香港联系汇率制。

第二阶段为 1998 年 1 月至 7 月。1998 年年初,印尼金融风暴再起。面对有史以来最严重的经济衰退,国际货币基金组织为印尼开出的药方未能取得预期效果。1998年2月11日,印尼政府宣布将实行印尼盾与美元保持固定汇率的联系汇率制,以稳定印尼盾。此举遭到国际货币基金组织及美国、西欧国家的一致反对,国际货币基金组织扬言将撤回对印尼的援助。印尼陷入政治经济大危机,2月16日,印尼盾与美元比价跌破10 000∶1。受其影响,东南亚汇市再起波澜,新元、马币、泰铢、菲律宾比索等货币的汇率纷纷下跌。直到4月8日,印尼与国际货币基金组织就一份新的经济改革方案达成协议,东南亚汇市才暂告平静。1997年爆发的东南亚金融危机也使得与之关系密切的日本陷入经济困境。日元汇率从1997年6月底的115日元兑1美元跌至1998年4月初的133日元兑1美元;5月至6月,日元汇率一路下跌,一度接近150日元兑1美元的关口。随着日元的大幅贬值,国际金融形势更加不明朗,亚洲金融危机继续深化。

第三阶段为1998年7月至年底。1998年8月初,趁美国股市动荡、日元汇率持续下跌之际,国际炒家对香港发起新一轮的进攻,恒生指数一度跌至6 600多点。香港特区政府予以回击。金融管理局动用外汇基金进入股市和期货市场,吸纳国际炒家抛售的港币,将汇市稳定在7.75港元兑换1美元的水平上。经过近一个月的苦斗,国际炒家损失惨重,无法再次实现把香港作为"超级提款机"的企图。俄罗斯中央银行8月17日宣布年内将卢布兑换美元汇率的浮动幅度扩大到(6.0～9.5)∶1,并推迟偿还外债及暂停国债交易。9月2日,卢布贬值70%。这都使俄罗斯股市、汇市急剧下跌,引发了金融危机甚至经济、政治危机。俄罗斯政策的突变,使得在俄罗斯股市投下巨额资金的国际炒家大伤元气,并带动了美国、西欧国家股市、汇市的全面剧烈波动。如果说在此之前发生的亚洲金融危机还是区域性的,那么俄罗斯金融危机的爆发则说明亚洲金融危机已经超出了区域性范围,具有了全球性的意义。直至1998年年底,俄罗斯经济仍没有摆脱困境。

发生在1997年至1998年的亚洲金融危机是继20世纪30年代世界经济大危机之后对世界经济影响深远的又一重大事件。这次金融危机反映出世界各国的金融体系存在严重缺陷,包括许多被人们认为是经过历史选择的、比较成熟的金融体制和经济运行方式,都暴露出许多问题,引起了众人的反思。

案例思考: 请你结合本案例谈谈为什么会爆发金融危机,金融危机带来了什么后果,以及中国应如何应对金融危机。

货币危机

证券投资实务

任务二　理解金融市场的类型和功能

金融市场以资金流动和资产交换为基础，其中包括股票市场、债券市场、外汇市场、期货市场等。

一、股票市场

金融市场中最普遍的是股票市场。这是公司上市、交易员和投资者买卖股票的场所。股票市场中的一级市场是公司通过首次公开募股来筹集资金的市场，股票随后在二级市场上的不同买家和卖家之间交易。

股票可以在上海证券交易所或深圳证券交易所等交易所进行交易，也可以在场外市场交易。大多数股票交易是通过受监管的交易所进行的，而这些交易在经济中发挥着重要作用，股票市场既是经济整体健康状况的衡量标准，也为投资者提供资本收益和股息收入。

股票市场的典型参与者包括个人投资者、机构投资者、交易员，以及为保持流动性提供双边市场的做市商。经纪人是为买卖双方交易提供便利的第三方，但他们并不持有股票的实际头寸。

从市场交易的组织形式看，证券市场可以分为场内市场和场外市场。

1. 场内市场

场内市场又称场内交易市场、证券交易所市场或集中交易市场，是指由证券交易所组织的集中交易市场，有固定的交易场所和交易活动时间，在多数国家它是全国唯一受法律保护的证券交易场所，因此是全国最重要、最集中的证券交易市场。

2. 场外市场

场外市场又称柜台交易市场或店头市场，它是相对于场内市场而言的，在证券交易所之外进行证券买卖的市场。目前，场外市场和场内市场的概念演变为风险分层管理的概念，即不同层次市场按照上市品种的风险大小，通过对上市或挂牌条件、信息披露制度、交易结算制度、证券产品设计以及投资者约束条件等做出差异化安排，实现了资本市场交易产品的风险分层。目前，我国场外市场分为三个层次，即全国统一的股权交易市场，区域性股权交易市场和证券公司柜台交易市场。

OTC 智能债链——区块链场外交易平台

区块链场外交易平台通过运用区块链、AI 等技术，面向线上资金、现券交易、新债申购分销等业务场景，实现了线上资金和现券的可信交易流程，打通了行内外新债、存单的分销和申购流程，构建了同业市场跨产品、跨机构的撮合配置能力。运用数据协同采集、智能解析算法将离散的场外信息自动解析，汇集到多渠道看板，提升同业客户信息获取能力。运用区块链的智能合约、多机构共识机制，建立同业生态联盟基础设施，全面聚合债券市场交易主体，让各同业主体从资源独占到开放共享，把供需结合放在了同一平台上，通过科技手段提高了生产效率，实现多边共创共赢的局面。（来源：中国电子银行网）

案例思考：请你通过本案例谈谈区块链技术的优势和劣势。

二、债券市场

债券是政府、企业、银行等债务人为筹集资金，按照法定程序发行并向债权人承诺于指定日期还本付息的有价证券。债券是债务人和债权人之间的协议，其中包含借款以及付款的细节。债券由政府、金融机构和企业发行，其作用是为项目和运营筹集资金。债券市场也被称为债务或固定收益市场。

三、货币市场

通常，货币市场交易的产品流动性高、期限短（少于 1 年），其特点是资金较安全，但利息较低。在批发层面，货币市场涉及机构和交易员之间的大量交易。在零售层面，货币市场包括个人投资者购买的货币市场共同基金，以及银行客户开设的货币市场账户。个人也可以通过购买短期存单、短期市政债券或短期国库券等方式在货币市场上投资。

四、衍生品市场

衍生品是两方或多方之间的一种合约，其价值是基于双方商定的基础金融资产（如证券）或一组资产（如指数）确定的。衍生品的价值完全来自与其相关标的物的价值，衍生品本身是没有价值的。衍生品市场并不直接交易股票或商品，而是交易期货和期权合约，以及其他高级金融产品，这些产品的价值来自各种基础工具，如债券、大宗商品、货币、利率、市场指数和股票等。

期货市场是期货合约上市和交易的地方。与在场外交易的远期交易不同，期货市场利用标准化的合同规范得到良好的监管，并利用清算所进行结算和确认交易。期权市场（如芝加哥期权交易所）同样列出并监管期权合约。期货和期权交易所都可能列出各种资产类别的合约，如股票、固定收益证券和大宗商品等。

巴林银行事件

巴林银行（Barings Bank）成立于1762年，是英国老牌商业银行之一。至1994年年底，该行管理着300亿英镑的基金资产，15亿英镑的非银行存款和10亿英镑的银行存款。然而，由于其交易员尼克·里森（Nick Leeson）从事期货投资失败，该行损失了约14亿美元，最终破产了。

巴林银行事件的起因可以追溯到1989年。当时，该行开始涉足亚洲和欧洲市场，进行期货和期权交易。1992年，年仅28岁的尼克·里森被任命为巴林银行新加坡期货交易部门经理。1993年，他成功地避开严格的风险控制机制，私自以银行的名义进行期货交易，还伪造了账本和记录来掩盖他的行为。1995年，他在德国被捕并被引渡回新加坡。

巴林银行事件对全球金融市场产生了重大影响。它揭示了衍生金融工具交易的风险性，以及银行内部风险控制机制的重要性，也成为金融衍生品市场风险经典案例，对后来的金融市场监管和风险控制机制的发展均产生了重要影响。

案例思考：通过本案例，请你谈谈风险控制机制的重要作用。

五、外汇市场

外汇市场是世界上流动性最强的市场，因为现金是流动性最强的资产。外汇市场每天处理超过 6.6 万亿美元的交易，比期货和股票市场交易量的总和还多。与场外交易市场一样，外汇市场也是分散的，由来自世界各地的计算机和经纪人组成的全球网络组成。外汇市场的参与者包括银行、商业公司、中央银行、投资管理公司、对冲基金、零售外汇经纪人和投资者。

六、大宗商品市场

大宗商品市场是指进行大宗商品交易的场所，如农产品（如玉米、牲畜、大豆）、能源产品（石油、天然气、碳信用）、贵金属（金、银、铂）或"软"商品（如棉花、咖啡和糖）。这些市场被称为现货商品市场，在这里，人们将实物商品兑换成货币。

然而，这些大宗商品的大部分交易发生在以现货商品为基础资产的衍生品市场上。商品的远期、期货和期权在场外和世界各地的上市交易所进行交易，如芝加哥商品交易所和洲际交易所。

七、虚拟货币市场

自 2009 年以来，加密货币迅速崛起，它们都是基于区块链技术的去中心化数字资产。如今，数千种加密货币代币可以在全球各地独立的在线加密交易所进行交易。这些交易所为交易员提供数字钱包，交易员可以用一种加密货币兑换另一种加密货币，或者交换美元或欧元等法定货币。

由于大多数加密交易所都是中心化平台，用户很容易受到黑客攻击或欺诈的影响。去中心化的交易所也可以在没有任何中央权力的情况下运作。这些交易所允许数字货币的直接点对点交易，而不需要实际的交易机构来促进交易。

比特币投资骗局揭秘

随着科技的发展，数字货币成了热门话题，而比特币作为数字货币的代表更是备受人们关注。在投资市场中，比特币的表现确实让人眼前一亮，一时间，众多投资者的眼中只有比特币，疯狂进军比特币市场。随着比特币价格的一路攀升，很多人都已经按捺不住了。然而，蠢蠢欲动的不仅是投资者，还有骗子！

常见的比特币诈骗手法有哪些？

1. 高报酬，低风险的投资项目

在所有比特币骗局中，最常见的手段莫过于向投资者承诺高回报、低风险、回本快的比特币投资项目，骗人投入资金并让人不断拉拢身边的亲朋好友加入。所谓的比特币投资回报并不是来源于投资的比特币投资项目，而是来自后续加入新投资者投入的资金。当没有新的投资者加入时，投资者也就不再有回报，这个时候也是骗局见光的时候。这就是臭名昭著的庞氏骗局，骗子只是把它在比特币上又玩了一遍而已。

2. 非法网站或App

第二种较常见的诈骗手段就是诈骗网站或App，骗子将非法虚假网站或App通过一些手段伪装成合法的网站或App，以"搬砖套利""高额返利""带单操作""存币生息"等形式诱导公众去该诈骗网站或App上交易。一旦投资者入金后，会因为各种各样的理由无法提币，联系网站上所谓的客服也不会得到任何回复。

3. 虚假ICO项目

初次发行代币（Initial Coin Offering，ICO），是数字货币筹集资金的过程。ICO的目的是帮助新的数字货币项目规划开发，并为新项目筹募资金。但是，在骗子的眼中，ICO往往被用于非法募集资金。

比如，骗子可能会虚构一个合法的ICO代币销售项目，并诱使投资者交付比特币或其他数字货币来获得代币。然而，在代币分发完成之后，骗子就会消失，留下一文不值的虚假代币。因此，投资者在参与ICO投资时，一定要先了解项目方的背景和其他相关信息，进行充分的调查和审核。

其实，关于虚拟币有很多各种各样的骗局，骗子大行其道的原因主要是现在虚拟币的热度很高，很多人都想在币圈分一杯羹，但是刚踏入币圈，什么都不懂的在这种情况下很容易受骗。还有一个方面就是，那些骗子专门针对那些不懂但又幻想"一夜暴富"的人行骗，这样的人往往最容易上当，所以受害者才会这么多。

案例思考：

为什么会有这么多金融骗局？

一家公司成立时，需要从投资者那里获得资金。随着公司的发展，当发现需要获得比持续经营或传统银行贷款更多的资金时，可以通过哪些金融市场来筹集？

证券投资实务

任务三　掌握证券市场相关知识

一、什么是证券市场

证券是多种经济权益凭证的统称。在广义上，证券市场指所有证券发行和交易的场所；在狭义上，证券市场指资本证券市场、货币证券市场和商品证券市场，是股票、债券、商品期货、股票期货、期权、利率期货等证券产品发行和交易的场所。

证券市场是在股票发行和流通过程中形成的各种经济关系的总和。市场通过其参与者对金融资源进行再分配，市场参与者在许多国家的经济运行中都发挥着一定的作用。市场主要参与者的活动可能引起市场恐慌，从而导致股价下跌，并可能导致金融危机的发生。

二、证券市场参与者

1. 证券发行人

证券发行人是指为筹措资金而发行债券、股票等证券的政府及其机构、金融机构、公司和企业。证券发行人是证券发行的主体。证券发行是把证券向投资者销售的行为。证券发行可以由发行人直接办理，这种证券发行称为自办发行或直接发行。自办发行是比较特殊的发行行为，比较少见。20世纪末以来，随着网络技术在发行中的应用，自办发行开始增多。证券发行一般由证券发行人委托证券公司进行，这种发行方式又称承销或间接发行。按照发行风险的承担、所筹资金的划拨及手续费高低等因素，承销方式有包销和代销两种方式，包销又可分为全额包销和余额包销。

2. 证券投资者

证券投资者既是证券市场的资金供给者，也是金融工具的购买者。证券投资者的类型甚多，投资目的也各不相同，可分为机构投资者和个人投资者两大类。

1）机构投资者

机构投资者是指相对于中小投资者而言拥有资金、信息、人力等优势，能影响某个证券价格波动的投资者，包括企业、商业银行、非银行金融机构（如养老基金、保险基金、证券投资基金）等。各类机构投资者的资金来源、投资目的、投资方向虽各不相同，但一般都具有投资金额高、收集和分析信息的能力强、注重投资的安全性、可通过有效的资产组合来分散投资风险、对市场影响较大等特点。

2）个人投资者

个人投资者是指从事证券投资的居民，他们是证券市场最广泛的投资者。个人投资者的主要投资目的是追求盈利，谋求资本的保值和增值，所以十分重视本金的安全和资产的流动性。

3. 证券市场中介机构

证券市场中介机构是指为证券的发行与交易提供服务的各类机构，包括证券公司和其他证券服务机构。中介机构是连接证券投资者与筹资人的桥梁，证券市场功能的发挥，很大程度上取决于证券中介机构的活动。它们的经营服务活动连接了证券需求者与证券供应者，不仅保证了各种证券的发行和交易，还起到了维持证券市场秩序的作用。

1）证券公司

证券公司是指依法设立可经营证券业务的、具有法人资格的金融机构。证券公司的主要业务有承销、经纪、自营、投资咨询、购并、受托资产管理、基金管理等。证券公司一般分为综合类证券公司和经纪类证券公司。

2）证券服务机构

证券服务机构是指依法设立的从事证券服务业务的法人机构，主要包括财务顾问机构、证券投资咨询公司、会计师事务所、资产评估机构、律师事务所、证券信用评级机构等。

4. 自律性组织

自律性组织是指某行业为协调内部相关成员关系而成立的自我约束的"公约性组织"，此处包括证券交易所和证券行业协会。

1）证券交易所

根据《中华人民共和国证券法》的规定，证券交易所是为证券集中交易提供场所和设施，组织和监督证券交易，实行自律管理，依法登记，取得法人资格的法人。其主要职责有提供交易场所与设施，制定交易规则，监管在该交易所上市的证券以及会员交易行为的合规性、合法性，维护市场的公开、公平和公正。

2）证券业协会

证券业协会是证券行业的自律性组织，是社会团体法人。证券业协会的权力机构是由全体会员组成的会员大会。根据《中华人民共和国证券法》的规定，证券公司应当加入证券业协会。证券行业协会应当履行的职责有：协助证券监督管理机构组织会员执行相关法律法规，维护会员的合法权益，为会员提供信息服务，制定规则，组织培训和开展业务交流，调解纠纷，就证券业的发展开展研究，监督检查会员行为及证券监督管理机构赋予的其他职责。

3）证券登记结算机构

证券登记结算机构是为证券交易提供集中登记、存管与结算业务，不以盈利为目的的法人。按照《证券登记结算管理办法》，证券登记结算机构实行行业自律管理。中国的证券登记结算结构为中国证券登记结算有限责任公司。

5. 证券监管机构

在中国，证券监管机构是指中国证券监督管理委员会及其派出机构，是国务院直属的证券管理监督机构。证券监管机构依法对证券市场进行集中统一监管，其主要职责有负责行业性法律法规的起草，负责监督有关法律法规的执行，负责保护投资者的合法权益，对全国的证券发行、证券交易、中介机构的行为等依法实施全面监管，维持公平而有秩序的证券市场。

三、交易工具

证券市场活动必须借助一定的工具或手段来实现，这些工具就是证券交易工具，又称证券交易对象。证券交易工具主要包括政府债券（包括中央政府债券和地方政府债券）、金融债券、公司（企业）债券、股票、基金及金融衍生证券等。

四、证券交易场所

证券交易场所包括场内交易市场和场外交易市场两种形式。场内交易市场是指在证券交易所内进行的证券买卖活动，这是证券交易场所的规范组织形式；场响某个证券价格波动的投资者，包括企业、商业银行、非银行金融机构（如养老基金、保险基金、证券投资基金）等。各类机构投资者的资金来源、投资目的、投资方向虽各不相同，但一般都具有投资金额高、收集和分析信息的能力强、注重投资的安全性、可通过有效的资产组合来分散投资风险、对市场影响较大等特点。

2）个人投资者

个人投资者是指从事证券投资的居民，他们是证券市场最广泛的投资者。个人投资者的主要投资目的是追求盈利，谋求资本的保值和增值，所以十分重视本金的安全和资产的流动性。

3. 证券市场中介机构

证券市场中介机构是指为证券的发行与交易提供服务的各类机构，包括证券公司和其他证券服务机构。中介机构是连接证券投资者与筹资人的桥梁，证券市场功能的发挥，很大程度上取决于证券中介机构的活动。它们的经营服务活动连接了证券需求者与证券供应者，不仅保证了各种证券的发行和交易，还起到了维持证券市场秩序的作用。

1）证券公司

证券公司是指依法设立可经营证券业务的、具有法人资格的金融机构。证券公司的主要业务有承销、经纪、自营、投资咨询、购并、受托资产管理、基金管理等。证券公司一般分为综合类证券公司和经纪类证券公司。

2）证券服务机构

证券服务机构是指依法设立的从事证券服务业务的法人机构，主要包括财务顾问机构、证券投资咨询公司、会计师事务所、资产评估机构、律师事务所、证券信用评级机构等。

4. 自律性组织

自律性组织是指某行业为协调内部相关成员关系而成立的自我约束的"公约性组织"，此处包括证券交易所和证券行业协会。

1）证券交易所

根据《中华人民共和国证券法》的规定，证券交易所是为证券集中交易提供场所和设施，组织和监督证券交易，实行自律管理，依法登记，取得法人资格的法人。其主要职责有提供交易场所与设施，制定交易规则，监管在该交易所上市的证券以及会员交易行为的合规性、合法性，维护市场的公开、公平和公正。

2）证券业协会

证券业协会是证券行业的自律性组织，是社会团体法人。证券业协会的权力机构是由全体会员组成的会员大会。根据《中华人民共和国证券法》的规定，证券公司应当加入证券业协会。证券行业协会应当履行的职责有：协助证券监督管理机构组织会员执行相关法律法规，维护会员的合法权益，为会员提供信息服务，制定规则，组织培训和开展业务交流，调解纠纷，就证券业的发展开展研究，监督检查会员行为及证券监督管理机构赋予的其他职责。

3）证券登记结算机构

证券登记结算机构是为证券交易提供集中登记、存管与结算业务，不以盈利为目的的法人。按照《证券登记结算管理办法》，证券登记结算机构实行行业自律管理。中国的证券登记结算结构为中国证券登记结算有限责任公司。

5. 证券监管机构

在中国，证券监管机构是指中国证券监督管理委员会及其派出机构，是国务院直属的证券管理监督机构。证券监管机构依法对证券市场进行集中统一监管，其主要职责有负责行业性法律法规的起草，负责监督有关法律法规的执行，负责保护投资者的合法权益，对全国的证券发行、证券交易、中介机构的行为等依法实施全面监管，维持公平而有秩序的证券市场。

三、交易工具

证券市场活动必须借助一定的工具或手段来实现，这些工具就是证券交易工具，又称证券交易对象。证券交易工具主要包括政府债券（包括中央政府债券和地方政府债券）、金融债券、公司（企业）债券、股票、基金及金融衍生证券等。

四、证券交易场所

证券交易场所包括场内交易市场和场外交易市场两种形式。场内交易市场是指在证券交易所内进行的证券买卖活动，这是证券交易场所的规范组织形式；场外交易市场是在证券交易所之外进行证券买卖活动的组织形式，包括柜台交易市场（又称店头交易市场）、第三市场、第四市场等。

五、证券市场的显著特征

（1）证券市场是价值直接交换的场所。有价证券是价值的直接代表，其本质只是价值的一种直接表现形式。虽然证券交易的对象是各种各样的有价证券，但由于它们都是价值的直接表现形式，证券市场本质上是价值的直接交换场所。

（2）证券市场是财产权利直接交换的场所。证券市场上的交易对象是作为经济权益凭证的股票、债券、投资基金券等有价证券，它们本身就是一定量财产权利的代表，代表着对一定数额财产的所有权或债权及相关收益权。证券市场实际上是财产权利的直接交换场所。

（3）证券市场是风险直接交换的场所。有价证券既是一定收益权利的代表，也是一定风险的代表。有价证券的交换在转让出一定收益权的同时，也把该有价证券所特有的风险转让出去了。所以，从风险的角度分析，证券市场也是风险的直接交换场所。

六、证券市场类型

证券市场分为一级市场和二级市场。

在一级市场上，证券通常在投资经纪人的帮助下向公众出售。在一级市场上，证券发行人从交易中获得收益。

在二级市场上，人们对已经发行的证券进行交易。绝大多数证券交易发生在二级市场上，其包括经纪人市场、交易商市场和大宗商品市场。

七、证券市场分类

证券市场是一个复杂的结构，可以根据交易组织或市场参与者之间关系的各种特征进行分类。

1. 按是否为一个行业组织

证券场内交易市场是一个有组织的市场，股票的买卖活动按照交易所建立的规则进行，只向交易所市场发行上市公司的股票。

证券场外交易市场是一个无组织的市场，交易条件由买卖双方约定。在场外交易市场，未上市或不愿在交易所上市的发行人的股票在这里流通。

2. 按股票发行和流通的阶段

一级市场是指首次发行股票的市场。首次发行可以是私人的也可以是公开的。在第一种情况下，股票由一定数量的人购买，没有披露财务信息；在第二种情况下，发行通过公布财务指标的中介机构进行。

二级市场是已发行股票被转售的市场。市场的主要参与者是投机者，他们通过买卖股票的差价赚钱。

3. 通过地理位置区分

全国市场——某一国家内部的全国股票市场，其财政资源在经济主体之间发生再分配。

区域市场——特定区域内流通封闭的市场，可以在一个国家内部形成，也可以结合一些国家市场形成。

国际市场——在不同国家和地区之间发生证券交易的世界市场，从而帮助资金在它们之间的转移。

4. 通过发行人区分

政府证券市场——主要为偿还国家预算或政府项目赤字而发行政府债务证券的流通市场。

公司证券市场——商业企业作为发行人的市场。

5. 按交易资产的类型区分

现金市场——即时执行交易的市场（最多两个工作日）。

衍生品市场——延迟交易执行的衍生证券市场。

6. 通过交易的方式区分

传统市场——交易所的交易直接在买卖双方之间进行。

电子化的市场交易是通过网络进行的，并设有股票交易终端机。

在证券市场发展的这个阶段，通过一个全球性的网络，几乎每个人都可以进行交易。交易终端允许实时跟踪交易所的交易过程，并与任何股票进行交易。

八、证券市场与一般商品市场的区别

（1）交易对象不同。一般商品市场的交易对象是各种具有不同使用价值、能满足人们某种特定需要的商品；而证券市场的交易对象是作为经济权益凭证的股票、债券、投资基金券等有价证券。

（2）交易目的不同。进行证券交易的目的是实现投资收益或筹集资金；而购买商品的目的主要是满足某种消费的需要。

（3）交易对象的价格决定不同。商品市场的价格实质是商品价值的货币表现，商品的市场价格取决于生产商品的社会必要劳动时间；而证券市场的证券价格实质是利润的分割，是预期收益的市场表现，与市场利率的关系密切。

（4）市场风险不同。一般商品市场由于实行等价交换原则，价格波动较小，市场前景的可预测性较强，因此风险较小。而证券市场的影响因素较为复杂，价格波动性大且有不可预测性，投资者的投资能否取得预期收益存在较大的不确定性，所以风险较大。

第一次炒股亏损5万元

2012年，唐某大学毕业后参加了工作。在2015年（大牛市）接触炒股，买的第一只股是华英农业，之所以买这支股票是因为当时价格低、市盈率低。跟很多散户炒股的经历一样，唐某买入股票后当年就迎来了股灾。在看到当时中国中车跌得比较猛后，唐某果断买入中国中车的股票。显然，对于一个没有炒股经验的人来说，抄底并不是一件容易的事，唐某折腾来折腾去，最后亏损了5万多元。

当时唐某刚毕业不到三年，每月工资5 000元左右，除掉生活开支余额所剩无几，5万元确实是一笔不小的数目了。经历这次悲痛的教训后，唐某决定洗手不干，并开始兼职在淘宝网上做起了生意。经过两年的艰苦努力，2017年他才把漏洞堵上，还用剩下的钱买了一辆车，日子算是过得顺畅，并于2019年5月和女友结婚。

2020年开始透支信用卡和借网贷，再次炒股

2020年3月，唐某的女儿出生了，无心兼顾淘宝网的生意，生活再次陷入困境。让人想不到的是，股市在这个时候开始疯狂上涨。于是唐某又心动了，决定通过信用卡、网贷借款进入股市。借钱炒股终究不是一个好办法，毕竟通过信用卡借来的钱，每个月出了账单都需要偿还，买股票也只能进行短线炒作。

信用卡及网贷欠款83万，信用卡及网贷被风控

让人痛苦的不是股票的下跌，而是每个月信用卡或者网贷到期时需要割肉或者通过再次借款来偿还，如此恶性循环，唐某便一步一步走向深渊。如今，唐某名下的汽车已经抵押出去，还欠下近83万的巨额债务。唐某不得不找家人以及朋友借一些钱，却只能临时周转一个月……

案例思考：

（1）借钱炒股是合法行为吗？会给自己及家人带来怎样的后果？

（2）从这个案例中，你能得出什么样的经验和教训？

1．从商业的角度来看，你认为"几乎免费"的交易费用有意义吗？请解释一下。

2．在线交易公司可以采取哪些措施增加整体业务量，特别是在吸引新投资者方面？

任务训练

1. 请作图展示金融市场主要参与者及其之间的关系。

2. 请对中国消费金融市场进行调研。

训练要点：完整的金融市场调研流程包括确定调查的目标、探索性研究、设计调研方案、实验性调查、收集数据资料、整理资料、分析资料和撰写调研报告等。此次训练重点在收集数据资料与分析资料。

（1）请完成数据的收集工作，并按以下模板完成数据整理。

从国内生产总值等情况来看，20××年上半年，国内生产总值××亿元，按可比价格计算，同比增长/下降××%。分产业看，第一产业增加值/减少值××亿元，第二产业增加值/减少值××亿元，第三产业增加值/减少值××亿元。另一个数据是，20××全年货物进出口总额××亿元，比上年增长/下降××%。其中，出口××亿元，增长/下降××%；进口××亿元，增长/下降××%。

从网络环境来看，截至20××年年底，中国网民规模达××亿，全年共计新增网民××万人。互联网普及率为××%。20××年上半年，互联网宽带接入端口数量突破××亿个，比上年净增××万个。

从互联网金融发展情况来看，20××年中国互联网基金的交易规模为××亿元，同比增长/减少××%，预计之后几年将持续保持××%左右的速度增长/减少。预计到20××年达到××亿元。20××年基金互联网化的水平达××%，随着互联网金融的发展，随后几年将会超过××%，到20××年达到××%。

（2）简要分析中国消费金融发展环境，尝试指出中国消费金融发展趋势及投资机会，并以PPT的形式汇报。

任务评分标准：

序号	考核指标	所占分值	标准	得分
1	完成情况	10	是否在规定时间内完成并上交	
2	内容	60	内容完整充分、有理有据	
3	创新度	30	有自己的思考和观点	
总分				

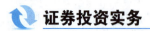

活页笔记

学习过程：

知识重难点记录：

学习体会及收获：

实践操作总结：

 项目二

认识金融工具

【价值目标】

- ◆ 树立金融工具中的合同义务和诚信契约精神。
- ◆ 树立正确的风险认知。
- ◆ 正确认识金融市场,遵守法律、行政法规、规章和依法制定的自律规则。

【知识目标】

- ◆ 熟悉货币市场投资工具的种类。
- ◆ 掌握资本市场投资工具如债券、股票、基金等的概念、特点及其分类。
- ◆ 理解金融衍生工具的概念及种类。

【技能目标】

- ◆ 能分清债券、股票、基金及金融衍生工具的区别与联系。
- ◆ 能运用金融市场投资工具的原理进行融资和投资。

引导案例

两张路牌

一切数学公式模型，都是人类发明出来，并为人类服务的。它们与人类最大的区别就是没有感情，特别是恐惧和贪婪。

——《华尔街的猴子》安德鲁·贝宁森

从成立之初，自由市场就以在公平基础上的自由和理性为假设，但国与国之间不存在公平，只有不公平基础上的暴力、战争和剥削。17世纪中叶，荷兰殖民者审视着新阿姆斯特丹的防线，在陆上竖起了一面木墙，以抵挡可能到来的敌人。但直到英国人1664年从另一侧海岸突破这座城市，这面墙也没有派上用场。但这面墙，使这条街道有了一个名字——百老汇。纽约新建的百老汇街沿袭资本主义往事的头衔和前缀，而在百老汇的另一端——华尔街，全长仅1/3英里①，宽仅为11米。街道狭窄而短，从百老汇到东河仅有7个街段，后来成为大部分金融产品的发源地和样板工厂，以及金融中心，如图2-1所示。华尔街以股票交易成名，这种交易公司所有权的手段是在公司信用的基础上交换公司的永久所有权。金融工具曾经是聚拢资源投资并分担出海风险的手段，备受海盗喜爱。而资本的经营者会分享利润给资本的所有者和债权人。资本将永续经营，资本代表对资产的所有权。每个投资人依据份额行使所有权决议。不同的所有权和借条通过标的掠夺性定价，以自由市场竞价的方式在拍卖会上找到了自己的归属，像是一张小字条上用数学公式写的魔法——信用、拍卖与估价。

图2-1 华尔街

---

① 1英里=1 609.344米。

1997年10月10日，第二十九届诺贝尔经济学奖被授予两位美国学者，哈佛商学院教授罗伯特·默顿（Robert Merton）和斯坦福大学教授迈伦·斯克尔斯（Myron Scholes）。他们创立的布莱克-斯克尔斯期权定价模型（Black Scholes Option Pricing Model）为包括股票、债券、货币、商品在内的新兴衍生金融市场各种衍生金融工具进行合理定价奠定了基础。

衍生品的出现让金融工具有了核心理论。在金融工具的发展过程中，为企业提供资金来源以促进生产的初衷似乎渐行渐远。

案例思考：请问你在生活中熟悉的金融工具有哪些？它们对投资者和生产者意味着什么？

任务一　掌握时间价值的载体——债券

债券是政府、企业、银行等债务人为筹集资金，按照法定程序发行并向债权人承诺于指定日期还本付息的有价证券。

债券是一种金融契约，是政府、金融机构、工商企业等直接向社会借债筹借资金时向投资者发行的，同时承诺按一定利率支付利息并按约定条件偿还本金的债权债务凭证。债券是一种有价证券。由于利息通常是事先确定的，债券是固定利息证券（定息证券）的一种。在金融市场发达的国家和地区，债券可以上市流通。

一、债券的特点

偿还性：债券一般都规定有偿还期限，发行人必须按约定条件偿还本金并支付利息。

流通性：债券一般都可以在流通市场上自由转让。

安全性：与股票相比，债券通常规定有固定的利率。该利率通常与企业绩效没有直接联系，收益比较稳定，风险较小。此外，在企业破产时，债券持有者享有优先于股票持有者对企业剩余资产的索取权。

收益性：债券的收益性主要表现在两个方面，一是投资债券可以定期或不定期地给投资者带来利息收入；二是投资者可以利用债券价格的变动，在二级市场出售债券赚取差额。按照计息方式分类，债券可以分为固定利率债券和浮动利率债券。在其他客观条件不变的情况下，市场利率上升，固定利率债券价格下降；市场利率下降，则固定利率债券价格上升。

二、债券的种类与计算方式

（一）面值债券与息票债券

1. 面值债券

面值债券低于面值折价发行，到期按面值一次性偿还。其可按时间细分为零息债券和贴现债券，其中，1年以内的为贴现债券，1年以上的为零息债券。

例如，某农场主（债务人）在2年后归还给债权人价值2万元的火鸡，在2年前借的火鸡的数量必然比2年后的数量少。如果按10只火鸡一年变11只的速度来计算，则（11-10）/10=10%为火鸡繁衍速度，俗称市场利率。也就是说，火鸡的繁衍速度为10只出1只，如果1只火鸡卖1 000元，则1万元的火鸡在经过一年的繁衍之后的总价值为11×1 000=1.1万元。2年后，农场主养的火鸡总价值为2万元，由下式可以倒推出2年前火鸡的价格X。

$$X \times (1+10\%)^2 = 20\,000$$

则2年前借入火鸡的价格为

$$X = 20\,000/(1+10\%)^2 = 16\,285.93\text{元}$$

而16 285.93元则是面值债券的实际价格，2万元是面值价格，意味着2年前债权人花了16 285.93元购买了2万面值的债券。

因此，零息债券的价值公式为

$$P = FV/(1+y)^T$$

式中，P为债券的价值；FV为债券的面值；y为债券的票面利率；T为债券距离到期日的时间。

例如，一张票面价值为100元，期限为3年的零息债券，利率为5%。该债券现在的价格$P=100/(1+5\%)^3=86.38$元。利息$=100-86.38=13.62$（元），随本金一起支付。面值债券的利息则为购买价格和面值价格的差价。

从以上公式中可以发现：火鸡的繁殖速度越快，利息就越高，债权人的本金投入就越小，换句话说，就是利率越高，债券发售的价格越便宜。

美联储加息对美债的影响

自2022年5月以来，美联储预期将银行同业拆借市场利率不断加息至5%左右，从而导致美债的利息水涨船高，美元从全球官方储备货币中的份额由2001年的73%下降到2021年的55%。在4—5月中国宣布停止抛售美债转而增持美债，市面上有人认为此举无异于给美国借钱花，因为利率越高，现值越便宜。

例如，在2001年利率为1%的时候，面值100元的1年期美债现值为99元，而利率为2%时购买价格则为98元。当美联储加息至5%左右时，这个利率是

14年以来的新高，而购买价格和利率呈反比关系，可以理解为95元的价格购买以前价值98元的商品。

中国增持美债本质上来讲是一种商业行为，其目的无非有两种：降低风险和提高收益。一方面，增持美债可以稳定汇率，保护出口贸易；另一方面，增持美债可以对美元资产的投资保值。

案例思考：结合本案例，请你谈谈美联储加息对全球经济有哪些方面的影响。

2. 息票债券

息票债券又称附息债券，是指定期支付利息，到期偿还本金的债券。如果债务人认为，每年多出的火鸡需要按期返还，则为息票债券。

例如，10只火鸡一年增长1只火鸡，这个1/10=10%被称作市场利率，而增长新火鸡数量按固定周期分2次计算，则借100只火鸡2年，每年给5只作为票息的现金流为：

第一年年末：5只火鸡（票息支出）

第二年年末：5只火鸡（票息支出）+100只火鸡（本金归还）

总和：5+5+100=110只火鸡

但考虑到利息本身也会衍生出利息，即债权人手里第一年产出的10只火鸡会在第二年繁衍出1只火鸡，则债权人本利为10+1+10+100=121只。100只火鸡的投资净收益（净现值，net present value，NPV）为21%，即债权人不取走火鸡的情况下，100只火鸡在2年后会繁衍为121只。因此，债权人自然不会同意出借100只火鸡的票息支付方案。在第一年年初，按照市场利率10%来计算，债权人出租火鸡不会赔本的计算方式为

$$P=5/(1+10\%)+(5+100)/(1+10\%)^2=91.32 只$$

即债权人在第一年年初借出91.32只火鸡而不是100只火鸡，偿还方式不变，这对于双方来说都比较公平。

可以将其概括为：面值为100只火鸡债券，票息为5只，市场利率是10只1年生1只即10%，周期为2年，它的价格应该是91.32只，也就是现在的价格。

因此，附息债券的价值公式为

$$P=C/(1+y)+C/(1+y)^2+\cdots+C/(1+y)^n+FV/(1+y)^n$$

式中，P 为债券的价值；FV 为债券的面值；y 为债券的市场利率；C 为每期支付的利息；n 为债券到期时间。

例如，一张面值为100元，期限为3年，票息为3%的债券，市场利率为5%。这张债券的现金流为

P	+3	+3	+103
现在	第一年	第二年	第三年

债券价格 $P=3/(1+5\%)+3/(1+5\%)^2+103/(1+5\%)^3=94.55$ 元。这种计算债券价格的方式叫作现金流贴现。

（二）政府债券、金融债券和企业债券

债券按照发行主体大致可分为3类。

1. 政府债券

（1）国债。发行主体是中央政府，具有最高信用等级，由财政部具体进行发行操作，按发售对象可分为记账式国债和储蓄国债。

记账式国债通过中央结算公司招标发行，在银行间债券市场、交易所债券市场交易，在中央结算公司总托管。目前贴现国债有91天、182天、273天，附息国债有1年、3年、5年、7年、10年、15年、20年、30年、50年期等品种。

储蓄国债通过商业银行柜台面向个人投资者发行，分为凭证式国债和电子式国债，其中电子式储蓄国债在中央结算公司总托管。

（2）地方政府债券。发行主体是地方政府，分为一般债券和专项债券。通过中央结算公司招标或定向承销发行，在银行间债券市场、交易所债券市场交易，在中央结算公司总托管。地方政府债券一般有1年、3年、5年、7年、10年等品种，专项债券有1年（尚未实际发行）、2年（尚未实际发行）、3年、5年、7年、10年等品种。在中国，地方政府也可以通过发行债券的方式筹资财政资金，地方政府债券一般用于交通、通信、住宅、教育、医院和污水处理系统等地方性公共设施的建设。通过发行债券，地方政府能够更加灵活地筹集资金，解决发展中存在的问题。图2-2为2018年四川省政府一般债券（四期）的详细信息。

证券投资实务

债券代码：	147307	债券简称：	18 四川 05
发行人：	四川省财政厅		
债券全称：	2018年四川省政府一般债券(四期)		
债券类型：	地方政府债	交易市场：	上交所
发行总额(亿元)：	100	期限(年)：	7
起息日期：	2018/6/4	到期日期：	2025/6/4
最新信用评级：	AAA	评级机构	中债资信评估有限责任公司
发行价格(元)	100	面值(元)	100
息票品种	附息	利率类型	固定利率
发行日期	2018/6/1	上市日期	2018/6/6
付息频率(月/次)	12	利息税率(%)	0
付息日期：	每年的6月4日,遇节假日则顺延		
票面利率说明：	4.07%		

图 2-2　2018年四川省政府一般债券（四期）

2. 金融债券

一般情况下，金融债券通过中央结算公司发行，在银行间债券市场交易，在中央结算公司托管。金融债券一般有以下几类。

（1）政策性金融债券。发行主体为开发性金融机构（国家开发银行）和政策性银行（中国进出口银行、中国农业发展银行）。近年来，政策性金融债券加大创新力度，推出扶贫专项金融债等品种。

（2）商业银行债券。发行主体为境内设立的商业银行法人，分为一般金融债券、小微企业贷款专项债、"三农"专项金融债、次级债券、二级资本工具等品种。

（3）非银行金融债券。发行主体为境内设立的非银行金融机构法人。包括银行业金融机构发行的财务公司债券、金融租赁公司债券、证券公司债券、保险公司金融债和保险公司次级债等。

3. 企业债券

企业债券的发行主体为企业。经发改委核准，企业债券通过中央结算公司发行系统面向银行间债券市场和交易所市场统一发行，在银行间及交易所债券市场交易，在中央结算公司总登记托管。根据债券发行主体财务状况，债券收益和风险有比较大的差别。表 2-1 是企业债券风险等级分类。

表 2-1　企业债券风险等级分类

风险程度	机构名称及等级分类		
	穆迪	标准普尔	上海远东
还本付息能力极强，有可靠保证，承担风险最小	Aaa	AAA	AAA
还本付息能力很强，但风险性比略高	Aa1 Aa2 Aa3	AA+ AA AA−	AA
安全性良好，还本付息能力一般，有潜在的导致风险恶化的可能性	A1 A2 A3	A+ A A−	A
安全性中等，短期内还本付息没问题，但在经济不景气时风险会增大	Baa1 Baa2 Baa3	BBB+ BBB BBB−	BBB
有投机因素，不能确保投资安全，情况变化时还本付息能力波动大，不可靠	Ba1 Ba2 Ba3	BB+ BB BB−	BB
不适合作为投资对象，在还本付息及遵守契约条件方面都不可靠	B1 B2 B3	B+ B B−	B
安全性极低，随时有无法还本付息的危险	Caa	CCC	CCC
极具投机性，正处于违约状态或有严重缺陷	Ca	CC	CC
最低等级，完全在投机	C	C	C

（三）可转换债券和不可转换债券

按可否转换，债券又可分为可转换债券与不可转换债券。

可转换债券是能按一定条件转换为其他金融工具的债券，不可转换债券是不能转化为其他金融工具的债券。可转换债券一般是指可转换公司债券，这种债券的持有者可按一定的条件根据自己的意愿将持有的债券转换成股票。

可转换债券是一种潜在的股票，因此在发行时要明确转换的时间、转换的比例、转换时是按面值计价还是按市价计价等事项，以防转换时发生纠纷。当然，购买这种企业可转换债券还是有一定风险的，如果企业的发展情况不好，换成股票后，收益会很小。

三、债券风险

一般来说，债券的主要风险有系统性风险和非系统性风险两大类，系统性风险不可通过分散投资种类来规避，如利率风险、通货膨胀风险和政策风险等，而非系统性风险可以通过分散投资来规避，如违约风险和流动性风险。

（1）通过本章的学习，你认为债券应该具备哪些要素？
（2）除了本章介绍的债券类型外，你还知道哪些？

瘟疫债券——反向保险

国际金融市场一直活跃着这样一群赌徒，名为巨灾债券投资者（Dedicated Catastrophe Bond Investor）。他们的专业就是用各种金融工具赌地震、飓风、台风、暴雨、洪水等巨型自然灾害是否会发生。

2017年，世界银行首次发行了4.25亿美元的瘟疫债券，年收益高达14%，如果贫穷国家流行病暴发，投资者的债券本金利息将会转移到流行病发生地给予补助。其支付条件为源发国因疫情死亡的人数超过2 500人，并且在第2个国家至少有20人死亡。

2018年的埃博拉疫情夺走了刚果2 000多条生命，但是由于没有满足第2个国家的死亡人数达到20人，瘟疫债券没有分配任何款项给当地。

哈佛全球健康研究所高级研究员奥尔加·乔纳斯（Olga Jonas）是对瘟疫债券最直言不讳的批评者，她认为投资者是唯一的赢家。2019年8月，她在《金融时报》上将其描述为"赔率极高的赌博"和"这只对投资者有好处，但对于疾病的筹资机制却毫无用处。从公共卫生的角度来看，他们还不如把钱捐给我"。

2019年，新冠疫情暴发。如果世界卫生组织将COVID-19定义为大流行，将意味着76个发展中国家有资格申请获得这个债券的兑付。尽管瘟疫债券的部分投资者已经开始大肆抛售债券，但世界银行依旧很难将新冠暴发称为大流行，原因也越来越明显，因为这将拿走瘟疫债券持有人投在这上面所有的钱。

2020年4月，在2017年发行的债券正好三年到期后，世界银行宣布将新冠定义为大流行。从此瘟疫债券终于开始了第一轮大型兑付。

案例思考：

（1）你如何看待这款债券的性质？

（2）为什么刚果人并未得到应有的援助？

任务二 认识和理解股票

一、股票定义

股票是股份有限公司签发的证明股东所持股份的凭证。

股份有限公司将其资本划分为股份,每一股的金额相等,采取股票的形式,使同种类的每一股份具有同等权利。股票一经发行,购买股票的投资者即成为公司的股东,股票实质上代表了股东对股份公司资产的所有权。股东凭借股份可以获得公司的股息和红利,可以参加股东大会并行使自己的权利,也要承担相应的责任与风险。股票应当载明以下事项:公司名称、公司成立日期、股票种类、票面金额及代表的股份数、股票编号。图2-3和图2-4是我国发行过的老式股票。

图2-3 老式股票(1)

图2-4 老式股票(2)

（一）股票是有价证券

（1）有价证券是财产价值和财产权利的统一表现形式。

（2）持有有价证券，一方面表示持有人拥有一定价值量的财产，另一方面也表明持有人可以行使该证券所代表的权利。股票属于有价值证券，因此具有有价证券的特征。

①虽然股票本身没有价值，但它包含着股东可以依其持有的股票要求股份公司按规定分配股息和红利的请求权。

②股票与其代表的财产权有不可分离的关系，两者合为一体。换言之，行使股票所代表的财产权，必须以持有股票为条件，股东权利的转让应与股票占有权的转移同时进行，股票的转让就是股东权的转让。

（二）股票是要式证券

股票应符合《中华人民共和国公司法》中规定的相关条件，否则就没有法律效力。

（三）股票是证权证券

证券可以分为设权证券和证权证券。

（1）设权证券中，证券所代表的权利本来不存在，而是随着证券的制作而产生的，即权利的发生是以证券的制作和存在为条件的。

（2）证权证券中，证券是权利的一种物化的外在形式，它是权力的载体，权力本身是存在的。

（3）股票代表的是股东权力，它的发行是以股份的存在为条件的，股票只是把已存在的股东权力表现为证券的形式，它的作用不是创造股东的权力，而是证明股东的权力。

所以，股票是证权证券。

（四）股票是资本证券

（1）发行股票是股份公司筹措资金的手段。

（2）股票是投入股份公司资本份额的证券化，属于资本证券。但是，股票不是一种现实的资本，股份公司通过发行股票筹措的资金是用于营运的真实资本。

（3）股票独立于真实资本之外，在股票市场上独立进行价值运动，是一种虚拟资本。

（五）股票是综合权利证券

（1）股票既不属于物权证券，也不属于债券证券，而是一种综合权利证券。物权证券是指证券持有者对公司的财产有直接支配处理权的证券；债券证券是指证券持有者为公司债权人的证券；股票持有者作为股份公司的股东，享有独立的股东权利。换言之，当公司股东将资金交给公司后，股东对其出资财产的所有权就转化为股东权（股权）了。

（2）股东权是一种综合权利，股东依法享有资产收益、重大决策、选择管理者等权利。

（3）股东虽然是公司财产的所有人，但对于公司的财产不能直接支配处理，而对财产的直接支配处理是物权证券的特征，所以股票不是物权证券。

（4）一旦投资者购买公司股票，即成为公司部分财产的所有人，但该所有人在性质上属于公司结构的一部分，而不是与公司对立的债权人，所以股票也不是债券证券。

二、股票的估值

国内上市股票一览

股票估值的方法有很多种，由于公司不同，估值的方法也不同。

同一家公司在不同的时间点和不同的市场环境中和估值是不一样的。因此，是否购买某一只股票，是由公司估值和市场环境两个因素决定的。表 2-2 是影响股票价格的因素。

表 2-2　影响股票价格的因素

净资产	净值增加，股价上涨；净值减少，股价下跌
盈利水平	预期公司盈利增加，股票市场价格上涨；预期公司盈利减少，股价下降
股利政策	股利水平越高，股票价格越高；股利水平越低，股票价格越低
股价分割	股份分割给投资者带来的不是现实的利益，但是，由于持有的股份数量增加了，投资者今后可多分股利和收益预期也增加了，因此，股份分割往往比增加股利分配对股价上涨的刺激作用更大

股票是股份有限公司签发的、证明股东所持股份的凭证，代表着公司所有权的价值，而公司的价值在于净资产。也就是说，公司本身的价值（净资产）、未来价值的估量（盈利水平）、利益分配方式（股利政策和股权分割）以及市场资金自身的情绪都会体现在股票的价格上。

1. 现金流估值法

现金流估值法就是把企业未来特定期间内的预期现金流量还原为当前现值。由于企业价值的关键是它未来的盈利能力，只有当企业具备这种能力，它的价值才会被市场认同，因此，理论界通常把现金流估值法作为企业价值评估的首选方法。在评估实践中，该种方法也得到了大量的应用，并且日趋完善和成熟。

现金流估值法是最常见的估值方法，计算公式为

$$V = \sum_{t=1}^{n} \frac{CF_t}{(1+r)^t}$$

式中，V 为企业的评估值；n 为资产（企业）的寿命；CF_t 为资产（企业）在 t 时刻产生的现金流；r 为反映预期现金流的折现率。

2. 相对估值法

相对估值是使用市盈率、市净率、市售率、市现率等价格指标与其他多只股票的相关指标（对比系）进行对比。如果若该股票的这些指标低于对比系的相应指标值的平均值，则股票价格可能被低估，股价将很有希望上涨，使得指标回归对比系的平均值。

（1）PE 为市盈率（股价/每股收益）：PE 是简洁有效的估值方法，其核心在于市盈率的确定。PE=p/e，即价格与每股收益的比值。从直观上看，如果公司未来若干年每股收益为恒定值，那么 PE 值代表了公司保持恒定盈利水平的存在年限。这类似实业投资中回收期的概念，只是忽略了资金的时间价值。实际上，保持恒定的市盈率几乎是不可能的，市盈率的变动往往取决于宏观经济和企业的生存周期所决定的波动周期。所以在运用 PE 值的时候，市盈率的确定显得尤为重要，由此也衍生出具有不同含义的 PE 值。PE 有两种，一种是历史的市盈率，另一种是预测的市盈率。对于历史的市盈率来说，可以用不同市盈率的时点值，也可以用移动平均值，还可以用动态年度值，这取决于想要表达的内容。对于预测的市盈率来说，预测的准确性尤为重要，在实际市场中，市盈率的变动趋势对股

票投资往往具有决定性的影响。

（2）市净率PB（股价/每股净资产）：PB=p/b，即价格与每股净资产的比值。PB适用于周期的极值判断。对于股票投资来说，准确预测每股净资产是非常重要的，每股净资产的变动趋势往往决定了股价的变动趋势。但股价上升或下降的合理范围，可以用PB判断。例如，对于一个有良好历史ROE（净资产收益率）的公司，在业务前景尚可的情况下，PB值低于1就说明该公司的股票价格有可能是被低估。如果公司的盈利前景较稳定，没有表现出明显的增长性特征，公司的PB值显著高于该公司所处行业的历史最高PB值，那么此时股价触顶的可能性就比较大。这里提到的周期有三个概念：市场的波动周期、股价的变动周期和周期性行业的变动周期。这里的PB值也包括三种：整个市场的总体PB值水平、单一股票的PB值水平和周期性行业的PB值变动。当然，有效应用PB值的前提是合理评估资产价值。

3. 技术分析法

技术分析法是把股票作为一个独立的流动商品来处理，就是根据市场交易明细（一个时间段内的交易历史数据）形成的数字化和图像化的指标来对未来的价格做一个大概的预测。

这些指标包括当日成交量、融资余额（即融资买入额相对于总股数的比例）、机构投资者的持仓比重以及机构的买入和卖出意愿等。这种方法属于从资金层面进行的市场估值分析。此外，还可以利用股票的独立历史价格数据，生成交易数据的可视化图像，如K线图、盘口图、MACD图和波动区间分析等进行技术性分析。

三、股票的收益与风险

股票的收益包括股息和资本利得。股息是指上市公司按一定的分配方式（如按股份）分配给股东的税后利润。资本利得是指股票投资者因购入证券获取差价而取得的资本增值。由于股息的分配数量不固定且波动受公司分配政策和盈利情况影响较大，而市场价差因为资本博弈带来了更多的不确定性，根据因其收益方式的特点，股票的风险在于公司资产层面的不确定和作为金融商品受市场买卖行为产生的不确定，可分为系统风险和非系统风险。

1. 系统性风险

系统风险又称"不可分散风险"或"市场风险",指由于某些因素给市场上所有的证券带来经济损失的可能性,如经济衰退、通货膨胀和需求变化给投资带来的风险,包括以下 4 类。

(1)政策风险:指政府对有关证券市场政策作出重大调整或出台重要的举措,引起证券市场波动,从而给投资者带来的风险。

(2)经济周期波动风险:指证券市场行情周期性变动而引起的风险。这种行情变动不是指证券价格的短期和中期波动,而是指证券行情长期趋势的改变。

(3)利率风险:指市场利率变动引起证券投资收益变动的可能性。利率与证券价格呈反方向变化,即利率提高,证券价格水平下跌;利率下降,证券价格水平上涨。

(4)购买力风险:指由于货币贬值,物价上涨,投资于证券所获得的报酬相对于物价上涨幅度已经贬值,实际购买力降低,从而给投资人带来的损失,又称通货膨胀风险。

2. 非系统性风险

非系统风险,亦称"可分散风险"或"特别风险",是公司的特有风险,专指某些因素对个别证券造成经济损失的可能性,分为以下几种。

(1)财务风险。财务风险是指在各项财务活动过程中,由于各种难以预料或控制的因素影响,财务状况具有不确定性,从而使企业蒙受损失的可能性。

(2)信用风险。信用风险是指交易对方不履行到期债务的风险,又称违约风险,即借款人、证券发行人或交易对方因种种原因,不愿或无力履行合同条件而构成违约,致使银行、投资者或交易对方遭受损失的可能性。

(3)经营风险。经营风险是指由于生产经营变动或市场环境改变导致企业未来的经营性现金流量发生变化,从而影响企业的市场价值的可能性。

(4)流动性风险。流动性风险是指企业虽然有清偿能力,但无法及时获得充足资金或无法用合理的成本及时获得充足资金以应对资产增长或支付到期债务的风险。

(5)操作性风险。操作性风险是指因行情系统、下单系统等出现技术故障或者投资者自身操作失误,从而导致发生意外损失的可能性。

3. 系统风险和非系统风险的区别

系统风险影响到所有证券，不可能通过证券组合分散掉，即使投资者持有的是收益水平及变动情况相当分散的证券组合，也将遭受这种风险。对于投资者来说，这种风险是无法消除的。但是，这种风险对于不同企业、不同证券也有不同影响。

非系统风险可通过持有多种证券来抵消，因此，非系统风险也可定义为通过多样化投资可被分散的风险。多样化投资之所以可分散这部分风险，是因为在市场经济条件下，投资的收益现值随着收益风险和收益折现率的变化而变化。从事多样化投资时，一种投资的收益现值减少可由另一种投资的收益现值增加来弥补。但应当注意的是，多样化投资分散风险的程度与各证券间的相关性有关。

在一次海难中，公司董事和小摊贩流落荒岛。董事提出用公司全部的所有权交换小摊贩手上的饼，并画在纸上作为凭证，而救援到达的时间决定了这些纸上的饼和公司的价值。

案例思考：饼的所有权和公司的所有权会受到哪些因素的影响？为什么荒岛会导致所有权价格脱离实际？

任务三　认识和理解证券投资基金

基金是指通过发售基金份额募集资金，由基金托管人托管、基金管理人管理和运用资金，为基金份额持有人的利益，以资产组合方式进行证券投资的一种利益共享、风险共担的集合投资方式。基金按投资对象大体分为货币基金、债券基金、股票基金三种，也可以是以上三种基金与衍生品的任意组合。

一、货币基金

货币市场基金是以货币市场工具为投资对象的一种基金，其投资标的一般为期限在1年以内流动性较强的金融产品，包括银行短期存款、国库券、公司短期债券、银行承兑票据及商业票据等货币市场工具。根据《公开募集证券投资基金运作管理办法》的规定，仅投资于货币市场工具的基金为货币市场基金。货币市场基金的优点是资本安全性高、购买限额低、流动性强、收益较高、管理费用低，部分基金不收取赎回费用。因此，货币市场基金通常被认为是低风险的投资工具。

人们在生活中接触到的余额宝和零钱通等产品就是货币基金，都具有资本安全性高、购买限额低、流动性强的特点。

二、债券基金

债券基金是一种以债券为主要投资对象的证券投资基金。由于债券的年利率固定，因此这类基金的风险较低，适合稳健型投资者。

债券基金的风险比货币基金要高一些。导致债券基金风险波动的最主要原因是利率。国家会定期公布一些基准利率，例如，一年期存款基准利率为1.5%，如果将10 000元在银行存一年定期，一年后可以得到10 150元，而其中的150元就是由利率产生的利息。债券的价格和市场的利率是呈反方向变动的。如果利率下降，债券的价格会上升，此时债券基金的回报会更好；如果利率上升，债券的价格会下降，此时债券基金的回报会变差。这是因为假如某种债券的到期收益率是3%，而存入银行的同期收益率提升了，投资者的获利预期上升，那么债券的到期收益率也需要提升才能满足投资者的获利预期，否则就没有吸引力。但重新调整已发行债券的票面价格已经不可能，因此只能降低价格以便流通。同样债券价格提升，往往就是通过利率的下跌实现的。

此外，如果基金投资于境外市场，汇率也会影响基金的收益，因此管理人在购买国际债券时，往往需要在外汇市场上进行套期保值。在我国，根据《公开募集证券投资基金运作管理办法》的规定，80%以上的基金资产投资于债券的为债券基金。

三、股票基金

股票基金是指以上市股票为主要投资对象的证券投资基金。股票基金的投资目标侧重于追求资本利得和长期资本增值。股票基金是最重要的基金品种，它的优点是资本的成长潜力较大，投资者不仅可以获得资本利得，还可以通过它将较少的资金投资于各类股票，从而实现在降低风险的同时保持较高收益的投资目标。在中国，根据《公开募集证券投资基金运作管理办法》的规定，80%以上基金资产投资于股票的为股票基金，股票基金分为场内基金和场外基金。

1. 股票基金的特点

1）收益高、风险大

股票基金的收益主要来自股票市场的涨跌，因此，股票基金收益一般较高，但风险也较大。在股票市场下跌时，股票基金的净值也可能下跌，投资人需要有足够的风险承受能力。

2）分散风险

由于股票基金的资金用于购买多只股票，因此能够实现分散风险的目的，减少因单一股票价格波动而对基金净值造成的影响。同时，基金经理会对股票进行精细的选择和管理，从而降低风险。

3）流动性高

股票基金投资者可以随时申购或赎回基金份额。由于基金具有较高的流动性，投资者可以根据自己的需求选择合适时间申购和赎回，从而提高资金的利用率。

4）费用低

相对于直接投资股票，股票基金一般手续费低，而且基金经理在管理基金时也会通过批量操作来降低交易成本，进而将低成本优势传递到基金购买者的股票份额中。这意味着投资者不需要支付直接购买某股票时的经纪佣金，降低了股票基金的交易成本，提高了收益率。

5）透明度高

股票基金的投资组合、基金规模、投资风格、基金经理等信息透明度高。投资者可以随时了解其股票基金的投资情况，也可以根据情况调整自己的投资策略。

总之，股票基金作为一种投资方式，具有很多显著的优点。但是，由于股票市场的复杂性，股票基金的风险也相对较高。因此，投资者在进行股票基金投资时需要根据自己的实际情况进行合理的投资，从而降低风险。

2. 股票基金的分类

（1）按股票种类分，股票型基金可分为优先股基金和普通股基金。优先股基金是一种可以获得稳定收益、风险较小的股票型基金，其投资对象以各公司发行的优先股为主，收益主要来自股利收入。而普通股基金以追求资本利得和长期资本增值为投资目标，风险较优先股基金更高。

（2）按基金投资分散化程度分，股票型基金可分为一般普通股基金和专门化基金，前者是指将基金资产分散投资于各类普通股票上，后者是指将基金资产投资于某些特殊行业股票上，风险较大，但可能具有较高的潜在收益。

（3）按基金投资目的分，股票型基金可分为价值型基金、成长型基金及平衡型基金。价值型基金投资的主要目的是追求资本快速增长，以此带来资本增值，该类基金风险高，收益也高；成长型基金投资于那些具有成长潜力并能带来收入的普通股票上，具有一定的风险；平衡型基金投资于具有稳定发展前景的公司所发行的股票，追求稳定的股利分配和资本利得。这类基金风险低，收益不高。

四、其他分类方式

1. 按资金来源分类

按资金来源分类，基金可分为公募基金和私募基金，二者区别如表2-3所示。

表 2–3　公募基金和私募基金的区别

项目	私募基金（阳光私募基金）	公募基金
募资形式	借助信托公司的集合资金信托计划，有限合伙、券商资管以及基金专户等通道发行	由公募基金公司直接发行成立，受到证监会的监管
发行对象	合格投资者（高净值）	社会大众
投资门槛	一般为 100 万	一般为 1 000 元
产品规模	一般规模比较小（1 000 万元以上）	一般比较大（1 亿元以上）
投资限制	策略比较灵活，限制较少	受限较多，如持股最低仓位，不能参与股指期货对冲等
费用	一般都会收浮动管理费	收入主要来源于固定管理费
流动性	每月或每个季度的固定开放日进行赎回	每个交易日都可以赎回
信息披露	要求不严格，信息披露要求较低	证监会要求严格，每个季度都要详细披露其投资组合、持仓比例等信息

公募基金全称为公开募集证券投资基金，它是指通过公开方式向社会公众募集资金，以获取收益为目的而进行投资的一类基金。

2. 两种特殊基金：QDII 和 QFII

QDII 是指在一国境内募集设立，经该国有关部门批准从事境外证券市场的股票、债券等有价证券业务的证券投资基金。例如，为方便国人进行海外投资，在国内募集设立了一只投资于除 A 股（包含上海证券交易所、深圳证券交易所上市的人民币普通股票）以外的香港、美国、德国、日本等境外证券市场的基金就属于 QDII 基金。

QFII 基金就是指允许经核准的合格境外机构投资者汇入一定额度的外汇资金，并将其转换为当地货币，然后经过严格监管的专门账户投资当地证券市场。例如，在中国成立了一只基金，但面向的投资者是外国人，他们将美元兑换成人民币后投资于中国的 A 股市场，这就是 QFII 基金。

任务四　认识衍生品

衍生品是两方或多方之间的交易合约，其价值取决于事先约定的标的资产。其标的资产一般包括债券、股票、货币、利率、市场指数等金融资产和大宗商品。

远期合约、期货合约、期权是常见的衍生品。通常，根据交易合约的签订与实际交割之间的关系，市场交易的形态可以分为远期交易、期货交易和期权交易。远期交易是指交易双方约定在未来某时刻（或某时间段内）按照现在确定的价格进行交易；期货交易是指交易双方在集中的交易所以公开竞价方式进行的标准化期货合约的交易；期权交易是指未来某一交易以约定价格买卖一定数量资产的权利而进行的交易。远期合约、期货合约和期权的特点如表 2-4 所示。

表 2-4　远期合约、期货合约和期权的特点

项目	交易场所	损益特性	执行方式	杠杆效应
远期合约	场外（非标准化）	远期承诺（双边合约）	实物交割，两个合约即使方向相反也不能自动抵消	无
期货合约	交易所（标准化）	双边合约	大多对冲相抵	有
期权	多在交易所（多为标准化）	单边合约，损益的不对称性	看当时的情况	有

一、远期合约——现货的衍生品

远期合约是指交易双方约定在将来的某个特定时间，按照事先确定的价格，进行某种资产交易。在签订合约时，合同双方都是要基于对未来进行预测。当交易双方就未来产品价格达成协议，交易双方就可以签订一份远期合约，在合约到期后按照约定价格进行交易。

例如，盖尔是一家原油公司的老板，她担心油价市场的波动，因为所有关于油价的零星报道都来自美国东部。为了使生意不受一些坏消息的影响，她会见了一位与她签订交易合约的投资者。该投资者同意在 1 个月后，不管市场价格如何，都以每升 1.5 美元的价格向盖尔购买原油。如果 1 个月后每升原油的价格高

于1.5美元，投资者将受益，因为他将能够以低于市场成本的价格购买这些原油，并以更高的价格在市场上出售，从而获得收益。如果价格降到1.5美元以下，盖尔将会受益，因为她将能够以高于当前市价的价格，或者高于她在公开市场上出售的价格卖出她的原油。

这种对赌式交易合约就是远期合约，通过签订远期合约，公司可以规避现金流因商品价格波动产生的风险。

二、期货合约——远期的衍生品

与远期合约相比，虽然期货合约也是在未来某个特定的时间，以约定的价格进行交易，但期货合约是交易所为参与者提供的一种标准化的远期交易协议，规定了未来商品买卖的价格，以确保套期保值者有一个明确、稳定和可预期的交易。

例如，在上述例子中，油价1个月后涨至每升2美元，投资者通过以每升1.5美元的价格购入石油，再以每升2美元的价格抛出，从中获取了25%的盈利空间。投资公司以折合年化预期收益率12×25%=300%的宣传吸引了大量的投资人，但这些投资人的目标是25%的月利而不是石油商品本身，他们与投资公司签订合约，支付佣金，寄希望于油价的持续增长带来的商品差价。然而，另一家投资公司则认为，油价在1个月之后会跌至每升1美元，于是这两家投资公司以油价为标的进行了赌大小决生死的合约。糟糕的是签生死状的是市场公募渠道来的投资者，投资公司并未动用自己的原始资本积累，更多的投资人带来了更多的佣金。

根据《中华人民共和国期货和衍生品法》中的规定，期货合约是指期货交易场所统一制定的、约定在将来某一特定的时间和地点交割一定数量标的物的标准化合约。通过签订期货合约，投资者的收益和商品的价格波动息息相关。以油价上涨获利的合约称为看涨（多头），以油价下跌获利的合约称为看跌（空头）。在合约的不断交易中，人们发现金融产品价格的下跌也能够带来盈利的空间。

1. 期货的特点

1）合约标准化

期货是一种合约，期货合约中的所有条款都是事先约定好的，如商品的数量、保证金的比例、交割地点、交割方式等，只有期货的价格是随着市场的变化而变动的。

2）交易集中化

期货交易必须在期货交易所内进行，投资者只能委托经纪公司参与期货交易。所有期货交易都通过期货交易所进行结算，交易所成为任何一个买者或卖者的交易对方，为每笔交易做担保，投资者不必担心履约问题。

3）双向交易

期货实行的是 T+0 交易制度，可以进行双向交易。双向交易是指在期货交易中，交易者既可以买入期货合约作为期货交易的开端（买入建仓），也可以卖出期货合约作为交易的开端（卖出建仓），即"做多做空。"根据《中华人民共和国期货和衍生品法》中的规定，期货合约是指期货交易场所统一制定的、约定在将来某一特定的时间和地点交割一定数量标的物的标准化合约。双向交易是就单向交易而言的，不仅能先买入再卖出（做多），而且可以先卖出再买入（做空），这样在价格下跌的过程中，投资者可以通过做空来增加盈利的机会，即无论价格涨跌都有机会赚钱。

4）存在杠杆

期货实行的是保证金制度。投资者在进行期货交易时，只需要支付 10% 左右的保证金即可获得交易的权利，从而完成整个期货交易，因此期货交易存在杠杆，会放大风险与收益。对于投资者来说，期货保证金交易制度可以增加盈利的机会，也可以灵活控制风险。

2. 期货的作用

1）发现价格

参与期货交易者众多，都按照各自认为最合适的价格成交，因此期货价格可以综合反映供求双方对未来某个时间的供求关系和价格走势的预期。这种价格信息增加了市场的透明度，有助于提高资源配置的效率。

2）规避市场风险

在实际生产经营过程中，为避免商品价格千变万化导致成本上升或利润下降，可利用期货交易进行套期保值，即在期货市场上买进或卖出与现货市场上数量相等但交易方向相反的合约，使两个市场交易的损益相互抵补。

另外，期货也是一种投资工具。由于期货合约的价格波动起伏，投资者可以利用价差赚取风险利润。

三、期权合约——期货的衍生品

根据《中华人民共和国期货和衍生品法》中的规定，期权合约是指约定买方有权在将来某一时间以特定价格买入或者卖出约定标的物（包括期货合约）的标准化或非标准化合约。

期权合约于1973年产生芝加哥期权交易所，是以金融衍生产品作为行权品种的交易合约。它是指在特定时间内以特定价格买卖一定数量交易品种的权利，合约买入者或持有者以支付保证金——期权费的方式拥有权利；合约卖出者或立权者收取期权费，当买入者希望行使权利时，必须履行相应的义务。

期权的买方向卖方支付一定数额的权利金后，就获得这种权利，即拥有在一定时间内以一定的价格（执行价格）出售或购买一定数量的标的物（实物商品、证券或期货合约）的权利。期权合约的构成要素主要有买方、卖方、权利金、敲定价格、通知和到期日等。期权合约是一种赋予交易双方在未来某一日期，即到期日之前或到期日当天，以一定的价格（履约价或执行价）买入或卖出一定相关工具或资产的权利，而不是义务的合约。

期权分为看涨期权（认购期权）和看跌期权（认沽期权）两种。

看涨期权是指在约定时间内按约定价格买入标的资产的权利。例如，对于未来价格上涨的预期，可以选择买入看涨期权。

期权计算器

看跌期权，与看涨期权相反，是期权交易的种类之一。看跌期权是指在将来某一天或一定时期内，按规定的价格和数量卖出某种有价证券的权利。

练习

1. 投资公司盈利的来源是什么？
2. 年化预期收益率中的"预期"是什么意思？

任务训练

（1）请从银行、证券公司或其他互联网金融渠道选择任意一款新发行、预期收益率在 1% 以上的金融类投资产品，分析其风险、收益，并判断该产品是否值得投资。

（2）请选择市面上发行的一款股票型基金或理财产品，分析其发行者和管理者、历史走势、风险点、收益率、资产权重（即构成百分比）等内容，然后提出投资建议，并以 PPT 的形式展示分析成果。

任务评分标准：

序号	考核指标	所占分值	标准	得分
1	完成情况	10	是否在规定时间内完成并上交	
2	内容	60	内容完整充分、有理有据	
3	创新度	30	有自己的思考和观点	
总分				

活页笔记

学习过程：

知识重难点记录：

学习体会及收获：

实践操作总结：

项目三
理解证券的发行与交易

【价值目标】

◆ 树立理性投资、长期投资的投资理念，杜绝赌博式投资，不借钱投资。

◆ 正确认识金融市场，把证券投资作为投资理财的一种方式，科学构建家庭和个人投资理财方式。

◆ 理解证券的发行和交易对国家经济高质量发展的作用。

【知识目标】

◆ 了解股票的发行与承销，掌握股票的交易流程。

◆ 了解债券的发行与承销，熟悉债券上市的程序和交易流程。

◆ 了解封闭式基金的募集与交易，熟悉开放式基金的募集与认购。

【技能目标】

◆ 熟练掌握债券的计算方法。

◆ 掌握股票、债券、投资基金在风险、收益等方面的差异，根据需要选择合适的融资工具。

证券投资实务

Facebook 的首次公开发行

2012 年，Facebook（2021 年 10 月 28 日更名为 Meta）的 IPO 是当时规模最大的在线公司 IPO，也是美国历史上科技行业规模最大的 IPO。由于一级市场需求旺盛，承销商将发行价区间上调了 25%，最终定为每股 38 美元，位于 35～38 美元目标区间的上限。发行规模也增加至 4.21 亿股，这令其股票估值达到 1 040 亿美元，是所有新上市公司中估值最高的公司。

虽然 Facebook 通过一级市场筹集了 160 亿美元，但在 IPO 当天的该股票价格并没有大幅增长，在售出 4.6 亿股股票后，其收盘价为 38.23 美元，成交量超过 100%。实际上，该股票在 2012 年晚些时候大幅下跌，在 2012 年 9 月 4 日达到 17.73 美元的历史低点，但此后恢复了元气，这在一定程度上归功于该公司对移动平台的高度关注。

如果投资者在 Facebook 首次公开募股时向其投资 1 万美元，将获得 263 股 Facebook 普通股。截至 2022 年 5 月 13 日，这些股票的售价为每股 198 美元，即投资者的投资价值将达到 52 239.5 美元。

案例思考：一级市场是什么？它有什么作用？

项目二 | 理解证券的发行与交易

任务一　熟悉证券的发行和证券市场的种类

一、证券的发行

证券的发行是指通过发行证券向投资者募集资金的过程。公司可以向投资者发行债券或股票，作为企业融资的一种方式。

如果一家公司需要资金，它的选择之一就是出售股票或发行债券。在二次发行中，董事会投票决定发行更多的股票，并增加市场上可供交易的股票数量。向公众出售额外股份所得的资金直接归公司所有。

同样地，如果一家企业想要转移现有债务并同时创造新的债务，它可能会发行债券。这家公司从投资者那里借钱并连本带利地偿还。利息是一种可免税的支出，它可以降低公司的借贷成本。

二、证券市场的种类

（一）一级市场

一级市场又称发行市场或初级市场，是资本需求者将证券首次出售给公众时形成的市场。它是新证券和票据等金融工具的买卖市场。该市场的主要经营者是投资银行、经纪人和证券自营商（在中国，这三种业务统一于证券公司），它们承担政府、公司新发行的证券以及承购或分销股票。投资银行通常采用承购包销的方式承销证券，承销期结束后发行人可以获得发行证券的全部资金。

在一级市场中，新股和债券首次向公众出售。一旦完成首次出售，交易将在二级市场上进行下一步交易。证券交易所代表二级市场，投资者在那里买卖已发行的证券。

（二）二级市场

证券交易市场又称"二级市场""次级市场""证券流通市场"，是指已发行有价证券买卖流通的场所，也是有价证券所有权转让的市场。它为证券持有者提供变现能力，在其需要现金时能够卖出证券，并且使新的投资者拥有投资的机会。证券交易市场包括场内交易市场和场外交易市场两种。

证券投资实务

就股票而言,一级市场和二级市场之间的区别似乎有些模糊。从本质上讲,二级市场就是通常所说的"股票市场",即证券交易所,投资者在这里买卖股票。但事实上,证券交易所既可以是一级市场也可以是二级市场。例如,当一家公司在纽约证券交易所上市时,其首次发行的新股构成一级市场,随后交易的股票又是二级市场的一部分,其价格每日在纽约证券交易所公布。

二级市场可以分为两种类型。

拍卖市场:这是一种公开叫价的系统,买家和卖家聚集在一个地方,宣布愿意买卖证券的价格。

交易商市场:市场参与者通过电子网络加入,交易商持有证券库存,随时准备与市场参与者进行买卖。

一级市场和二级市场有何区别?

跟着"股神"炒股

2020年3月,股民李先生接到了一个陌生人的来电,对方称自己是某某财富的工作人员,他把李先生拉入一个群后,那里有一位老师在讲股票相关知识,还会推荐几只股票。李先生表示,按照微信群里的推荐,他确实在股市里有所收获。

于是,李先生打算把更多的钱投入股市。于是,在对方的邀请下,他又加入了另一个微信群。"进入这个群后,有一位'老师'说'今天两点有一只股票,把代码发给你们'。"李先生回忆,大概过了5分钟,那只股票真的一下涨了10%,这让他对这个"股神"团队深信不疑。

随后,李先生按照对方的要求下载了一款名为"赢华在线"的App,而此后的充值和股票交易全都在这款软件上进行。在下载软件后一个多月里,李先生在这款App上陆续充值了115万元。

正当李先生满心期待大赚一笔时,意外发生了。李先生称,那个人提供的股票开始还可以,后面就一直在亏。更让李先生震惊的是,当他准备止损时,却发现无法成功提现，李先生赶紧到当地公安机关报案。2020年7月，井研县公安局根据线索，在长沙、重庆、成都等地对30余名涉案人员实施了集中抓捕，一举捣毁了以邱某某为首的诈骗团伙。案发后，井研县检察院积极介入。据井研县检察院第一检察部主任吴刚介绍，邱某某组建诈骗团伙后，联系刘某某推荐被害人的微信号，刘某某就找到了马某某。马某某注册了一个公司，雇佣专业的电销团队，如果被害人有炒股意向，就被拉入邱某某建立的微信群。当被害人进入微信群后，邱某某会组织专业的股票讲师，给大家授课并推荐股票。在逐步取得信任以后，客服会要求大家下载"赢华在线"App，软件上面显示的内容和正规的券商炒股软件是一致的，也能够看到自己打入的资金，以及买卖股票的盈利情况。但实际上这个钱转入以后，很快就被取款团队划转到不同账户上，根本就没进入股市。

经调查，这起跨省电信诈骗案涉案金额500多万元。最近，井研县人民法院对案件进行公开宣判，以诈骗罪对主犯邱某某、高某某分别判处有期徒刑10年6个月、10年，以诈骗罪、掩饰、隐瞒犯罪所得罪对刘某某等其余9名被告人判处有期徒刑2至6年不等。

案例思考：进行股票交易时应如何避免被骗？

任务二 掌握股票的发行与交易

如果你是股票投资新手，即使只是基础知识，也有很多要学的。整个证券交易所及其活动都围绕着公司发行的股票展开。因此，了解股票发行背后的经济因素是很重要的。

一、什么是股票

股票是一种代表公司部分所有权的证券，使股票所有者有权获得与他们持有的股票数量相对应的公司资产和一定比例的利润。股票单位称为"股份"。

股票主要在证券交易所买卖（虽然也可以私人买卖），是许多个人投资者投资组合的基础。这些交易必须符合政府旨在保护投资者免受欺诈行为的规定。

公司发行（出售）股票以筹集资金来经营公司的业务。股票持有者（股东）购买公司所有权的一部分，根据所持股份的类型，可对公司的部分资产和收益有要求权。换句话说，股票持有者是该股票背后公司的所有者。所有权比例是由一个人拥有的股票数量相对于全部发行的股票数量的比例决定的。

二、股东和股权

股东实际拥有的是公司发行的股票，而公司拥有的是公司持有的资产。因此如果某股东拥有一家公司 33% 的股份，就声称拥有这家公司 1/3 的资产，那是不正确的。正确的说法是某股东拥有该公司 1/3 的股份。股东不能对公司及其资产为所欲为，如不能拿走公司的椅子，因为那是属于公司的，不是属于股东的。这就是所谓的"所有权和控制权分离"。

这种区分很重要。因为在法律上，公司财产与股东财产是分离的，这限制了公司和股东的责任。如果公司破产，法官可能会下令出售其所有资产，但股东的个人资产不会受到威胁。法院甚至不能强迫股东出售股票，尽管这支股票价值会大幅下跌。同样，如果一个大股东破产了，他也不能出售公司的资产，只可以出售所持有的股票。

股票持有人在股东大会上有投票权,在分红时获得股息(也就是公司的利润),还有权把股票卖给别人。

如果一个人拥有大部分股份,其投票权就会增加,此人便可以通过任命董事会间接控制公司的发展方向。董事会的职责是增加公司的价值,通常通过雇佣职业经理人或高级职员来实现,如首席执行官。

股东有权获得公司的一部分利润,这是股票价值的基础。股东拥有的股份越多,获得的利润份额就越大。许多股票不分红,而是将利润重新投资在公司的发展中,这些留存收益仍然反映在股票的价值中。

三、股票的种类

一般来说,股票主要分为普通股和优先股。普通股股东享有分红权和股东大会表决权,而优先股股东的表决权有限甚至没有。优先股股东通常会获得更高的股息,而且在清算时,比普通股股东拥有更大的资产索赔权。

(一)普通股

普通股是享有普通权利、承担普通义务的股份,是公司股份的最基本形式。持有普通股的股东根据公司的经营效益分红。此种股票的风险较高。在上海和深圳证券交易所中交易的股票都是普通股。

普通股持有人的权利如下。

(1)持有普通股的股东有权获得股息,但必须是在公司支付了债息和优先股的股息之后才能分得。普通股的股利是不固定的,一般视公司净利润的多少而定。当公司经营有方,利润不断递增时,普通股能够比优先股多分得股息,股息率甚至可以超过50%;但赶上公司经营不善的情形,普通股持有者也可能连一分钱都得不到,甚至可能连本金也会赔掉。

(2)当公司因破产或结业而进行清算时,普通股东有权分得公司剩余资产。但普通股东必须在公司的债权人、优先股股东之后才能分得财产。普通股股东与公司的命运更加息息相关,荣辱与共。当公司获得利润时,普通股股东是主要受益者;而当公司亏损时,他们又是主要受损者。

(3)普通股股东一般拥有发言权和表决权,即有权就公司发生的重大问题发言和进行投票表决。普通股股东每一股都具有相同的投票权。任何普通股股东都有资格参加公司最高级会议，即每年一次的股东大会，但如果不愿参加，也可以委托代理人来行使其投票权。

（4）普通股股东一般具有优先认股权，即当公司增发普通股时，现有股东有权优先（甚至可能以低价）购买新发行的股票，以保持其对公司所有权的比例不变，从而维持其在公司中的权益。例如，某公司原有1万股普通股，若拥有100股，占总股份的1%，而当公司决定增发10%的普通股即1 000股时，你就有权以低于市价的价格购买其中1%（10股），以保持你持有股票的比例不变。

股份有限公司根据有关法律法规的规定以及筹资和投资需求，可以发行不同种类的普通股。

（1）按股票是否记名，可分为记名股和不记名股。

记名股是在股票票面上和股份公司的股东名册上记载股东姓名或名称的股票。这种股票除了股票上所记载的股东外，其他人不得行使其股权，且股份的转让有严格的法律程序与手续，需办理过户。《中华人民共和国公司法》规定，股份有限公司向发起人、国家授权投资的机构、法人发行的股票，应为记名股。

不记名股是在股票票面上和股份公司的股东名册上不记载股东姓名或名称的股票。这类股票的持有人（股份的所有人）具有股东资格，转让股票时比较自由，不用办理过户手续。

（2）按股票是否标明金额，可分为有面值股票和无面值股票。

有面值股票是在票面上标有一定金额的股票。持有这种股票的股东，对公司享有的权利和承担的义务大小，依其所持有的股票票面金额占公司发行股票总面值的比例而定。

无面值股票是不在票面上标出金额，只载明所占公司股本总额的比例或股份数的股票。无面值股票的价值随公司净资产和预期每股收益的增减而增减，而股东对公司享有的权利和承担义务的大小，直接依股票标明的比例而定。《中华人民共和国公司法》中规定，不得发行无面值股票，规定股票应记载股票的面额，并且其发行价格不得低于票面金额。

（3）按投资主体的不同性质，可分为国家股、法人股、社会公众股和外资股等。

国家股是指有权代表国家投资的部门或机构以国有资产向公司投资而形成的

股份。

法人股是指企业法人或具有法人资格的事业单位和社会团体以其依法可支配的财产向公司投资而形成的股份。如果具有法人资格的国有企业、事业单位及其他单位以其依法占有的法人资产向独立自己的股份公司投资形成或依法定程序取得的股份，可称为国有法人股。

社会公众股是指社会公众依法以其拥有的财产投入公司时形成的可上市公司流通的股份。

外资股是指股份公司向外国和我国香港、澳门、台湾地区投资者发行的股票。

（4）按发行对象和上市地区的不同，又可将股票分为A股、B股、H股和N股等。

A股是供中国大陆地区个人或法人买卖的，以人民币标明票面金额并以人民币认购和交易的股票。

B股是专供外国和中国港、澳、台地区投资者买卖的，以人民币标明票面金额，但以外币认购和交易的股票。B股在上海、深圳上市。H股是指注册地在我国内地、上市地在我国香港的外资股。N股是指注册地在我国内地、上市地在美国纽约的外资股。

第（3）和第（4）种分类是在实务中为便于对公司股份来源的认识和股票发行而进行的分类。

2019年6月，阿里巴巴提交给美国证券交易委员会的一份文件显示，提议将每1股普通股拆分为8股，计划将普通股数量从现在的40亿股扩至320亿股。该文件还显示，该计划将于2019年7月15日在香港举行的年度股东大会上进行表决。阿里巴巴称，拟议中的股票分割"将增加以较低每股价格发行的股票数量，董事会认为这也将增加公司未来筹资活动（如发行新股）的灵活性"。

案例思考： 如何理解"拆股"？

（二）优先股

优先股的种类很多，为了适应投资者的需要，优先股有各种各样的分类方式，主要分为以下几类。

（1）累积优先股和非累积优先股。累积优先股是指在某个营业年度内，如果公司所获的盈利不足以分派规定的股利，日后优先股的股东对往年未付的股息，有权要求如数补给。对于非累积的优先股，虽然对于公司当年所获得的利润有优先于普通股获得分派股息的权利，但如该年公司所获得的盈利不足以按规定的股利分配时，非累积优先股的股东不能要求公司在以后年度中予以补发。一般对投资者来说，累积优先股比非累积优先股具有更大的优越性。

（2）参与优先股与非参与优先股。当企业利润增大，除享受既定股息外，还可以跟普通股共同参与利润分配的优先股，该种股票被称为"参与优先股"。除了既定股息外，不再参与利润分配的优先股，称为"非参与优先股"。通常，参与优先股较非参与优先股对投资者更为有利。

（3）可转换优先股与不可转换优先股。可转换优先股是指允许优先股持有者在一定条件下将优先股转换成为一定数额的普通股或其他种类股票的优先股；反之就是不可转换优先股。

（4）可赎回优先股与不可赎回优先股。可赎回优先股是指允许发行该类股票的公司，按原来的价格再加上若干补偿金将已发行的优先股赎回。当该公司认为能够以较低股利的股票来代替已发的优先股时，往往就会行使这种权利。反之，就是不可赎回优先股。

优先股的赎回方式有三种。

（1）溢价方式。公司在赎回优先股时，虽按事先规定的价格进行，但由于这往往给投资者带来不便，因而发行公司常在优先股面值上再加一笔"溢价"。

（2）在发行优先股时，公司从资金中提出部分款项创立"偿债基金"，专用于定期赎回已发行的优先股。

（3）转换方式，即优先股可按规定转换成普通股。虽然可转换优先股本身就是优先股的一个种类，但在国外投资界，也常把它看成一种赎回优先股的方式，只是这种收回的主动权在投资者而不在公司那里。对投资者来说，这种方式在普通股的股价上升时是十分有利的。

优先股是股份公司发行的在分配红利和剩余财产时比普通股具有优先权的股份。优先股也是一种没有期限的有权凭证，优先股股东一般不能在中途向公司要求退股（少数可赎回的优先股除外）。优先股的主要特征如下。

（1）优先股通常具有确定的股息收益率。由于优先股股息率事先固定，所以优先股的股息一般不会根据公司经营情况而增减，而且一般也不能参与公司的分红，但优先股股东可以先于普通股股东获得股息。对公司来说，由于股息固定，优先股不影响公司的利润分配。

（2）优先股的权利范围小。优先股股东一般没有选举权和被选举权，对股份公司的重大经营无投票权，但在某些情况下可以享有投票权。

如果公司股东大会需要讨论与优先股有关的索偿权，即优先股股东的索偿权先于普通股股东，而次于债权人。优先股的优先权主要表现在两个方面。

（1）股息领取优先权。股份公司分派股息的顺序是优先股股东在前，普通股股东在后。股份公司不论其盈利多少，只要股东大会决定分派股息，优先股股东就可按照事先确定的股息率领取股息。即使股息普遍减少或没有股息，优先股股东也照常领取股息。

（2）剩余资产分配优先权。股份公司在解散、破产清算时，优先股股东具有公司剩余资产的分配优先权，不过，优先股的优先分配权在债权人之后，但在普通股股东之前。只有在公司还清债权人债务之后，优先股股东才拥有剩余资产的分配权。只有在优先股股东索偿之后，普通股股东才参与分配。

公司可以在需要筹集额外资金的时候增发新股，这一过程将稀释现有股东的所有权和权利（前提是他们不购买任何新股）。公司也可以进行股票回购，这对现有股东有利，因为此举会使股票升值。

总之，股票代表一个公司的部分股权。它与债券不同，债券更像债权人向公司提供的贷款，以换取定期付息，而公司发行股票是为新项目或扩大业务而向投资者筹集资金。股票有普通股和优先股两种类型，不同股票类型的所有者具有不同的权利。普通股股东可以在股东大会上投票，并从公司的利润中获得股息，而优先股股东在获得股息和分配剩余资产时，享有比普通股股东高的优先权。

证券市场与财政政策

公司为什么要发行股票？

任务三　熟悉债券的发行与交易

一、债券是什么

债券是公司和政府为筹集资金而发行的固定收益证券。债券发行者向债券持有人借入资金，并在一定期限内以固定（或可变）利率向他们支付固定利息。

二、债券发行

各级政府和企业普遍使用债券来筹集资金。政府需要为道路、学校、水坝或其他基础设施提供资金，战争的突然开支也可能需要筹集资金。同样，企业也经常通过借贷来发展业务，如购买物业和设备、开展有利可图的项目、进行研发或雇佣员工等。通常大型企业需要比一般银行能提供的更多的资金。

债券提供了一个解决方案，允许个人投资者承担出借人的角色。事实上，公共债务市场允许数千名投资者各投入一部分资金。此外，在原发行机构筹集资金很久之后，市场允许贷款机构向其他投资者出售债券或从其他个人投资者手中购买债券。图 3-1 是中国银行发行的金融债券。

图 3-1　中国银行发行的金融债券

三、什么是契约

契约是发行人和债券持有人之间的一种具有约束力的合同，它体现了债券的特征，通常包括到期日期、利息支付日期、收益率或到期收益率。

四、债券的要素

大多数债券有以下几个基本要素。

1. 面值

面值是债券到期时的价值,也是债券发行人计算利息支付时所用的参考金额。例如,假设一位投资者以 1 090 美元的溢价状态购买了一只债券,而另一位投资者随后在该债券折价 980 美元时购买了这只债券。当债券到期时,两位投资者都将获得 1 000 美元的债券面值。

2. 票面利率

票面利率是债券发行者支付的债券面值的利率,以百分数表示。例如,对于票面面值为 1 000 美元的债券,5% 的息票率意味着债券持有人每年将得到 50 美元的利息。

3. 息票日期

息票日期是债券发行人支付利息的日期。利息支付可以在任何时间间隔内进行,但一般以每半年付款为标准。

4. 到期期限

到期期限是债券从发行之日起至偿清本息之日止的时间,也是债券发行人承诺履行合同义务的全部时间。

5. 发行价格

发行价格是债券发行人最初出售债券的价格。

债券的信用等级和到期期限是决定债券票面利率的主要因素。如果发行人信用评级较差,违约的风险较大,这些债券所支付的利息也较多。期限很长的债券通常也支付较高的利率,这是因为债券持有人在较长时间内更容易受到利率和通胀风险的影响。

对某家公司及其债券的信用评级是由标准普尔、穆迪和惠誉等信用评级机构发布的。质量最高的债券被称为投资级债券,包括政府和非常稳定的公司发行的债券,如许多公用事业公司。不被认为是投资级,但没有违约的债券被称为高收益债券或垃圾债券。这些债券在未来有更高的违约风险,投资者要求用更高的息票支付来补偿他们的风险。

随着利率的变化，债券和债券组合的价值将会上升或下降。对利率环境变化的敏感性称为久期。久期是债券价格随利率变化的涨跌幅度。

债券或债券投资组合对利率敏感性（久期）的变化率称为凸性。这些因素很难计算，所需的分析通常由专业人员完成。

五、债券发行的类别

债券按发行价格是否根据面值发行分为平价债券、溢价债券和折价债券。

平价债券是指以面值发售的债券。

债券溢价是债券价格大于票面价值的差额。债券溢价受两方面因素影响：一是市场利率，当债券的票面利率高于金融市场的通行利率即市场利率时，债券就会溢价；二是债券兑付期，距兑付期越近，购买债券所支付的款项越多，溢价越高。

折价债券就是折价发行（债券价格小于票面价值）的债券。若债券的到期收益率大于息票率，则债券价格低于面值，称为折价债券。折价发行的原因除了促销以外，还可能是市场利率提高，而债券的利率已经固定。此时，为了保障投资者的利益，只能折价发行。

假设有一种债券，其票面利率为5%，票面价值为1 000美元，债券持有人每年将获得50美元的利息收入（大多数债券的票息每年分两次支付，即每半年支付一次）。只要利率环境没有变化，债券的价格应该保持与其票面价值一致。

案例思考：利率上升或者下降会对债券价值有什么影响？

GFCI35 全球前十大金融中心

任务四　熟悉证券投资基金的募集、交易与登记

一、基金的募集程序

基金的募集是指基金管理公司根据有关规定向中国证监会提交募集申请文件、发售基金份额、募集基金的行为。基金的募集一般要经过申请、注册、发售、基金合同生效4个步骤。

（一）基金募集申请

申请募集基金时，拟任的基金管理人、基金托管人根据《公开募集证券投资基金运作管理办法》中的相关规定，应当具备下列条件。

（1）拟任基金管理人为依法设立的基金管理公司或者经中国证监会核准的其他机构，拟任基金托管人为具有基金托管资格的商业银行或经中国证监会核准的其他金融机构。

（2）有符合中国证监会规定的、与管理和托管拟募集基金相适应的基金经理等业务人员。

（3）最近一年内没有因重大违法违规行为、重大失信行为受到行政处罚或者刑事处罚。

（4）没有因违法违规行为、失信行为正在被监管机构立案调查、司法机关立案侦查，或者正处于整改期间。

（5）最近一年内向中国证监会提交的注册基金申请材料不存在虚假记载、误导性陈述或者重大遗漏。

（6）不存在对基金运作已经造成或可能造成不良影响的重大变更事项，或者诉讼、仲裁等其他重大事项。

（7）不存在治理结构不健全、经营管理混乱、内部控制和风险管理制度无法得到有效执行、财务状况恶化等重大经营风险。

（8）中国证监会根据审慎监管原则规定的其他条件。

另外，拟募集的基金也应当具备下列条件。

（1）有明确、合法的投资方向。

（2）有明确的基金运作方式。

（3）符合中国证监会关于基金品种的规定。

（4）基金合同、招募说明书等法律文件草案符合法律、行政法规和中国证监会的规定。

（5）基金名称表明基金的类别和投资特征，不存在损害国家利益、社会公共利益，欺诈、误导投资者，或者其他侵犯他人合法权益的内容。

（6）招募说明书真实、准确、完整地披露了投资者做出投资决策所需的重要信息，不存在虚假记载、误导性陈述或者重大遗漏，语言简明、易懂、实用，符合投资者的理解能力。

（7）有符合基金特征的投资者适当性管理制度，有明确的投资者定位、识别和评估等落实投资者适当性安排的方法，有清晰的风险警示内容。

（8）基金的投资管理、销售、登记和估值等业务环节制度健全，行为规范，技术系统准备充分，不存在影响基金正常运作、损害或者可能损害基金份额持有人合法权益、可能引发系统性风险的情形。

（9）中国证监会规定的其他条件。

中国基金管理人进行基金募集时，必须依据《中华人民共和国证券投资基金法》中的相关规定向证监会提交相关文件。申请募集基金应提交的主要文件如下。

（1）基金募集申请报告。

（2）基金合同草案。

（3）基金托管协议草案。

（4）招募说明书草案。

（5）律师事务所出具的法律意见书。

（6）中国证监会规定提交的其他文件等。

其中，基金合同草案、基金托管协议草案、招募说明书草案等是基金管理人向中国证监会提交设立基金的申请注册文本，在还未正式生效，因此被称为草案。对于复杂或者创新产品，中国证监会将根据基金的特征与风险，要求基金管理人补充提交证券交易所和证券登记结算机构的授权函、投资者适当性安排、技术准备情况和主要业务环节的制度安排等文件。

申请材料被相关部门受理后，相关内容不得随意更改。申请期间申请材料涉及的事项发生重大变化的,基金管理人应当自变化发生之日起5个工作日内向中国证监会提交更新材料。

(二)基金募集申请的注册

根据《中华人民共和国证券投资基金法》中的要求,证监会应当自受理基金募集申请之日起6个月内做出注册或者不予注册的决定。证监会在基金注册审查过程中可委托基金业协会进行初步审查并就基金信息披露文件合规性提出意见,或者组织专家评审会对创新基金募集申请进行评审,也可就特定基金的投资管理、销售安排、交易结算、登记托管及技术系统准备情况等征求证券交易所、证券登记结算机构等机构的意见,供注册审查时参考。基金募集申请经中国证监会注册后,基金公司方可发售基金份额。

近年来,证监会不断推进基金产品注册制度改革,对基金募集的注册审查以要件齐备和内容合规为基础,不对基金的投资价值及市场前景等做出实质性判断或者保证,并将注册程序分为简易程序和普通程序。

对常规基金产品,按照简易程序注册,注册审查时间原则上不超过20个工作日;对其他产品,按照普通程序注册,注册审查时间不超过6个月。

适用于简易程序的产品包括常规股票基金、混合基金、债券基金、指数基金、货币基金、发起式基金、QDII基金、理财基金和交易型指数基金(含单市场ETF、跨市场ETF、跨境ETF)及其联接基金。分级基金、基金中基金(FOF)及中国证监会认定的其他特殊产品暂不实行简易程序。

(三)基金份额的发售

(1)基金管理人应当自收到核准文件之日起6个月内进行基金份额的发售;超过6个月开始募集,原注册的事项未发生实质性变化的,应当报国务院证券监督管理机构备案;发生实质性变化的,应当向国务院证券监督管理机构重新提交注册申请。基金的募集不得超过中国证监会核准的基金募集期限。基金的募集期限自基金份额发售之日起计算,募集期限一般不得超过3个月。

(2)基金份额的发售由基金管理人负责办理。基金管理人应当在基金份额发售的3日前公布招募说明书、基金合同及其他有关文件。

(3)在基金募集期间募集的资金应当存入专门账户,在基金募集行为结束前,任何人不得动用。

（四）基金的合同生效

（1）基金募集期限届满，基金满足有关募集要求。

①规模要求：封闭式基金需满足募集的基金份额总额达到核准规模的80%以上，并且基金份额持有人数达到200人以上；开放式基金需满足募集份额总额不少于2亿份，基金募集金额不少于2亿元，基金份额持有人的人数不少于200人。

②程序要求：基金管理人应当自募集期限届满之日起10日内聘请法定验资机构验资；自收到验资报告之日起10日内，向中国证监会提交备案申请和验资报告，办理基金备案手续；中国证监会自收到基金管理人验资报告和基金备案材料之日起3个工作日内予以书面确认；自中国证监会书面确认之日起，基金备案手续办理完毕，基金合同生效。基金管理人应当在收到中国证监会确认文件的次日予以公告。

需要特别说明的是，发起式基金的合同生效不受上述条件的限制。

发起式基金是指基金管理人在募集基金时，使用公司股东资金、公司固有资金、公司高级管理人员或者基金经理等人员资金认购基金的金额不少于1 000万元人民币，且持有期限不少于3年的基金。发起式基金的基金合同生效3年后，若基金资产净值低于2亿元的，基金合同自动终止。发起资金的持有期限自该基金公开发售之日或者合同生效之日孰晚日起计算。

（2）基金募集期限届满，基金不满足有关募集要求的，则为基金募集失败，此时基金管理人应承担下列责任。

①以固有财产承担因募集行为而产生的债务和费用。

②在基金募集期限届满后30日内返还投资者已缴纳的款项，并加计银行同期存款利息。

2022年8月，多位公募基金经理因疑似违规参与场外期权交易被警方带走调查，此事件涉及基金经理300余名。业界人士称，如若此事属实，则是公募基金行业有史以来最大的丑闻。

案例思考：基金经理作为证券行中的一种职业，能做什么？不能做什么？

二、基金的认购

（一）开放式基金的认购

1. 开放式基金的认购步骤

1）认购渠道

投资人认购开放式基金时，一般通过基金管理人或管理人委托的商业银行、证券公司、期货公司、保险机构、证券投资咨询机构、独立基金销售机构以及经国务院证券监督管理机构认定的其他机构办理购买手续。

2）购买前提

投资者进行认购时，如果没有在注册登记机构开立基金账户，需提前在注册登记机构开立基金账户。基金账户是基金登记人为基金投资者开立的、用于记录其持有的基金份额余额和变动情况的账户。

3）认购步骤

（1）认购。投资人在办理基金认购申请时，须填写认购申请表，并按销售机构规定的方式全额缴款。投资者在募集期内可以多次认购基金份额。一般情况下，已经正式受理的认购申请不得撤销。

（2）确认。销售机构对认购申请的受理并不代表申请一定成功，而仅代表销售机构确实接受了认购申请，申请的成功与否应以注册登记机构的确认结果为准。投资者T日提交认购申请后，一般可于T+2日后到办理认购的网点查询认购申请的受理情况。认购申请被确认无效的，认购资金将退回投资人资金账户。认购的最终结果要待基金募集期结束后才能确认。

2. 开放式基金的认购方式

开放式基金的认购采取金额认购的方式，即投资者在办理认购申请时，不是直接以认购数量提出申请，而是以金额申请。基金注册登记机构在基金认购结束后，再按基金份额的认购价格，并考虑认购费用后将申请认购基金的金额换算为投资者应得的基金份额。

3. 开放式基金的认购费率和收费模式

在具体实践中，基金管理人会针对不同类型的开放式基金、不同认购金额等设置不同的认购费率。目前，中国股票型基金的认购费率一般按照认购金额设置不同的费率标准，最高一般不超过1.5%，债券型基金的认购费率通常在1%以下，货币型基金一般认购费为0。

基金份额认购有两种收费模式：前端收费模式和后端收费模式。

（1）前端收费模式是指在认购基金份额时就支付认购费用的付费模式。

（2）后端收费模式是指在认购基金份额时不收费，在赎回基金份额时投资者才支付认购费的收费模式。后端收费模式设计是为鼓励投资者能够长期持有基金，因为后端收费的认购费率一般会随着投资时间的递增而递减，甚至不再收取认购费用。

4. 开放式基金的认购费率

（1）股票基金：前端收费模式是根据认购金额设置不同的费率标准，一般最高不超过1.5%；后端收费模式一般按照持有期限设置，持有期限越长则费用越低。

（2）债券基金：债券基金有两类，一类收取认购费，其费率一般不超过1%；一类不收取认购费，而在成立后收取销售服务费。

货币市场基金：一般不收取认购费。

（二）封闭式基金的认购

封闭式基金份额的发售由基金管理人负责办理。基金管理人一般会选择证券公司组成承销团代理基金份额的发售。基金管理人应当在基金份额发售的3日前公布招募说明书、基金合同及其他相关文件。

1. 发售方式

发售方式主要有网上发售与网下发售两种。

（1）网上发售是指通过与证券交易所交易系统联网的全国各地的证券营业部，向公众发售基金份额的发售方式。

（2）网下发售方式是指通过基金管理人指定的营业网点和承销商的指定账户，向机构或个人投资者发售基金份额的发售方式。

2. 认购价格

封闭式基金通常为创新封闭式基金，按1.00元面值募集，外加券商自行按认购费率收取认购费方式进行。

3. 认购程序

（1）开立沪、深证券账户或沪、深基金账户及资金账户。

（2）在资金账户存入足够资金。

（3）以"份额"为单位提交认购申请。

（三）ETF（交易所交易基金）和LOF（开放式证券投资基金）份额的认购

1. ETF份额认购

与普通的开放式基金不同，根据投资者支付的对价种类，ETF份额的认购又可分为现金认购和证券认购。

现金认购是指用现金换购ETF份额的行为，证券认购是指用指定证券换购ETF份额的行为。

现金认购可分为场内和场外现金认购。投资者一般可选择场内现金认购。场内现金认购是指投资者通过基金管理人指定的基金发售代理机构（如证券公司）以现金方式参与证券交易所网上定价发售。场外现金认购是指投资者通过基金管理人及其指定的发售代理机构（如证券公司）以现金方式进行认购。

投资者进行现金认购时需具有沪、深A股证券账户或证券投资基金账户。

沪、深证券投资基金账户只能进行基金的现金认购和二级市场交易，不能参与证券认购或基金的申购、赎回。

2. LOF份额认购

本部分关于LOF的介绍主要以深圳证券交易所LOF的相关规则为准。

LOF份额的认购分场外认购和场内认购两种方式。投资者在场外认购的基金份额注册登记在中国证券登记结算有限责任公司的开放式基金注册登记系统中。投资者在场内认购的基金份额注册登记在中国证券登记结算有限责任公司的证券登记结算系统中。

在基金募集期间，投资者可以通过具有基金代销业务资格的证券经营机构营业部场内认购LOF份额，也可通过基金管理人及其代销机构的营业网点场外认购LOF份额。

在场内认购LOF份额时，应持深圳证券交易所人民币普通证券账户或证券投资基金账户；在场外认购LOF份额时，应使用中国证券登记结算有限责任公司深圳证券交易所开放式基金账户。

（四）QDII基金份额的认购

QDII基金份额的认购程序与一般开放式基金基本相同，主要有开户、认购、确认三个步骤。

QDII 基金份额的认购渠道与一般开放式基金类似。在募集期间内，投资者应当在基金管理人、代销机构办理基金发售业务的营业场所或按基金管理人、代销机构提供的其他方式办理基金的认购。

QDII 基金主要投资于境外市场，因此与仅投资于境内证券市场的其他开放式基金相比，在募集认购的具体规定上有如下几点独特之处。

（1）发售 QDII 基金的基金管理人必须具备合格境内机构投资者资格和经营外汇业务资格。

（2）基金管理人可以根据产品特点确定 QDII 基金份额面值的大小。

（3）QDII 基金份额除可以用人民币认购外，也可以用美元或其他外汇货币作为计价货币机构。

（五）分级基金份额的认购

中国分级基金的募集包括合并募集和分开募集两种方式。

（1）合并募集是投资者以母基金代码进行认购。募集完成后，场外募集基础份额不进行拆分，场内募集基础份额在募集结束后自动分拆成子份额。

（2）分开募集是分别以子代码进行认购，通过比例配售实现子份额的配比。

目前中国分开募集的分级基金仅限于债券型分级基金。

与 LOF 类似，分级基金的认购包括场外认购和场内认购两种方式。

场外认购的基金份额注册登记在中国证券登记结算有限责任公司的开放式基金注册登记系统中。场内认购的基金份额注册登记在中国证券登记结算有限责任公司的证券登记结算系统中。

在基金募集期间，投资者既可以通过证券经营机构营业部场内认购分级基金份额，也可以通过基金管理人及其销售机构的营业网点场外认购分级基金份额。

汇率的影响

任务训练

一、请在 Excel 中完成以下题目

（1）A 公司将于 2018 年 1 月 1 日发行 5 年期债券，每只债券面值为 100 美元，票面利率为 5%，到期收益率（YTM）为 6%。该债券的发行价格是多少？

（2）B 公司于 2018 年 3 月 1 日发行 2 年期票据，每笔为 500 美元，到期支付 6% 的利息，首笔款项将在发行日期 6 个月后支付，到期收益率是 6%。

①B 公司将在哪些日期向债券持有人支付利息？

②债券持有人在每个付息日得到的利息是多少？

注：①半年的票面利率为 6%×50%，因为票面利率是每年计息一次，但每半年付息一次。

②最后一次支付包括本金。

（3）已知到期收益率为 5.5% 的债券的票面利率为 6%，请问这个债券的价格比本金高还是低？

二、请按要求完成以下题目

请查找 8 只债券和基金，对每只债券和基金从风险性、收益性和流动性等方面进行描述，并用 PPT 的形式展示。

任务评分标准：

序号	考核指标	所占分值	标准	得分
1	完成情况	10	是否在规定时间内完成并上交	
2	内容	60	内容完整充分、有理有据	
3	创新度	30	有自己的思考和观点	
		总分		

活页笔记

学习过程：

知识重难点记录：

学习体会及收获：

实践操作总结：

项目四

掌握宏观经济分析

【价值目标】

- ◆ 正确认识宏观经济分析理论，拥有中国式现代化经济思想。
- ◆ 树立宏观经济发展意识，为发展大局提供高质量金融服务。

【知识目标】

- ◆ 熟悉宏观经济分析的方法。
- ◆ 掌握宏观经济政策的分析方法。

【技能目标】

- ◆ 能够通过宏观经济政策分析证券市场走势。
- ◆ 能够分析货币政策对股票市场的影响并做出正确的投资决策。
- ◆ 能够分析财政政策对股票市场的影响并做出正确的投资决策。

证券投资实务

数据提振信心，中国经济持续回升向好态势不断巩固

随着宏观组合政策实施力度不断加大，市场需求逐步改善，工业生产回升向好，2024年第一季度，全国规模以上工业企业利润延续增长态势，工业企业营收继续恢复。

第一季度，全国规模以上工业企业实现利润总额15 055.3亿元，同比增长4.3%，实现营业收入30.96万亿元，同比增长2.3%，工业企业利润保持增长，工业企业营收继续恢复。

近七成行业利润实现增长。制造业利润由上一年全年下降转为增长7.9%。其中，高技术制造业利润实现较快增长，一季度高技术制造业利润同比增长29.1%。

装备制造业发挥利润增长"压舱石"作用。一季度装备制造业利润同比增长18.0%，增速比上一年全年增长率高13.9个百分点。

消费品制造业利润保持较快增长。随着扩内需促消费政策深入实施，消费需求不断释放，第一季度消费品制造业利润由上一年全年下降转为同比增长10.9%。

案例思考：结合案例中的资料，请你谈谈宏观经济政策中的哪些指标可能对中国股市产生影响。

任务一　开展宏观经济分析

证券投资分析有三个基本要素：信息、步骤和方法。其中，使用哪种分析的方法直接决定了证券投资分析的质量。目前采用的分析方法主要有三大类：第一，基本分析法，即主要根据经济学、金融学、投资学等基本原理推导出结论的分析方法；第二，技术分析法，即从股票的成交量、价格、达到这些价格和成交量所用的时间、价格波动的空间等分析走势并预测未来；第三，量化分析法，即利用统计、数值模拟和其他定量模型进行证券市场研究的一种方法，广泛应用于解决证券估值、组合构造与优化、策略制定、绩效评估、风险计量与风险管理等投资相关问题，是继传统的基本分析和技术分析后发展起来的一种重要股票投资分析方法。

一、基本分析法

基本分析法是一种通过评估公司财务状况、行业竞争力以及整体经济环境等因素，来确定一家公司潜在价值并预测其未来发展趋势的方法。

基本分析法的两个假设为股票的价值决定其价格；股票的价格围绕价值波动。因此，价值成为测量价格合理与否的重要尺度。基本面分析法体现了以价值分析理论为基础、以统计方法和现值计算方法为主要分析手段的基本特征。基本分析主要包括宏观经济分析、行业和区域分析、公司分析三大部分内容。

（一）宏观经济分析

宏观经济分析主要探讨各经济指标和经济政策对股票价格的影响。经济指标分为三类：第一类，先行性指标，这类指标可以对将来的经济状况提供预示性的信息，如利率水平、货币供给、消费者预期、主要生产资料价格、企业投资规模等；第二类，同步性指标，这类指标的变化基本上与总体经济活动的转变同步，如个人收入、国内生产总值、社会商品销售额等；第三类，滞后性指标，这类指标的变化一般滞后于国民经济的变化，如失业率、库存量、银行未收回贷款规模等。经济政策主要包括货币政策、财政政策、信贷政策、债务政策、税收政策、利率和汇率政策、产业政策、收入与分配政策等。

（二）行业与区域分析

行业和区域分析是介于宏观经济分析与公司分析之间的中观层次的分析。行业分析主要分析行业所处市场类型、所处生命周期及行业业绩对股票价格的影响；区域分析主要分析区域经济因素对股票价格的影响。一方面，行业的发展状况对该行业上市公司的影响是巨大的。从某种意义上来说，投资某家上市公司实际上就是以某个行业为投资对象。另一方面，上市公司在一定程度上受区域经济的影响，尤其是由于中国各地区的经济发展不平衡，产业政策也就有所区别，对中国证券市场中不同区域上市公司的行为与业绩有不同程度的影响。

（三）公司分析

公司分析是侧重于对公司的竞争能力、经营管理能力、发展潜力、财务状况、经营业绩以及潜在的风险等方面的分析，借此评估和预测股票的投资价值、价格及其未来的变化趋势的分析方法。

二、宏观经济分析

（一）宏观经济分析的意义和基本方法

1. 宏观经济分析的意义

（1）把握证券市场总体变动趋势。只有把握宏观经济大方向，才能把握证券市场的总体变动趋势。股市投资必须按照经济规律行事，正如社会发展也有自身的规律。只有密切关注宏观经济因素的变化，尤其是财政政策和货币政策的变化，才能抓住证券投资的时机。

（2）判断整个市场的投资价值。整个证券市场的投资价值就是国民经济质量与发展速度的反映，而宏观经济是个体经济的总和，因而宏观经济分析是判断整个证券市场投资价值的关键所在。例如，2012年年初，中国A股市场的平均市盈率不到13倍，许多专家指出此时为入市良机，到5月底，金融、地产等板块就实现高达20%的收益。

（3）掌握宏观经济政策对证券市场的影响力度和方向。国家通过财政政策和货币政策调控经济，必然会影响经济增长速度和企业经济效益，进而对证券市场产生影响。例如，2001年的国有股减持事件是当年牛市的"终结者"，由于多达90%的非流通国有股减持，证券市场在需求相对不变的同时增加了大量供给，因此出现股价暴跌，最后国务院国资委被迫宣布暂停国有股减持。此后，股市持续低迷，直到2005年7月21日，上证综合指数跌至998.23点。2011年开始的"十二五"规划也是影响中国当前股市走向非常重要的因素，并直接影响到行业板块和具体公司的选择。

（4）把握转型背景下的宏观经济对股市的影响。中国证券市场具有新兴加转轨的特点：国有成分大、行政干预多、阶段性波动大、投机性偏高。因此，在分析时，既要看到国内外证券市场的共性，也要看到国内股市的特殊性。

2. 宏观经济分析的基本方法

（1）总量分析法。总量分析法是对影响宏观经济运行总量指标的因素及其变动规律进行分析，如国内生产总值（GDP）、消费、投资、信贷规模及物价等，进而说明整个经济的状态或全貌。总量分析中的重要组成部分是动态分析，主要研究总量指标的变化规律。同时，总量分析法也包括静态分析，如同一时间内投资、消费和国内生产总值等总量指标的关系。

总量分析法的分析前提是把制度因素及其变动的原因、后果和个量都假定为不变的或已知的，因此常常忽视了个量对总量的影响，这也成为总量分析法的主要缺点。

（2）结构分析法。结构分析法是对经济系统中各个组成部分及其对比关系变动规律的分析。结构分析主要是一种静态分析，即对一定时间内经济系统中各组成部分变动规律的分析，也包括对不同时期内经济结构变动进行的动态分析。

3. 宏观分析资料的收集

（1）收集内容：政府重点经济政策与措施、一般生产资料统计、金融物价统计资料、贸易统计资料、每年国民收入统计与景气动向、突发性非经济因素等。

（2）资料来源：公共媒体、政府及其经济管理部门、各主管公司与行业管理部门、预测（情报和咨询）机构。

（二）宏观经济与证券市场的关系

评价宏观经济形势的基本指标包括国内生产总值、通货膨胀、宏观经济运行景气指标、国际收支、投资指标、消费指标、金融指标以及财政指标等内容。

证券市场小知识

1. 国内生产总值

国内生产总值是指一个国家或地区在一段时期内（通常为一年）所生产的所有最终产品和服务的价值总和，是衡量一个国家或地区经济运行规模的最重要指标。

20世纪早期著名经济学家罗杰·沃德·巴布森在1910年出版的《积累财富用经济晴雨表》一书中首次提出了"股市是经济的晴雨表"的理论。此后，该观点被众多经济学家广泛接受。股市与经济的关系开始被人们研究，经济学家普遍认为股市与经济是密切相关的，股市总是会提前反映经济状况，预测经济的走势。当经济还是一片萧条的时候，股市如果开始上行，则可能意味着一轮新的景气周期即将到来；当经济一片繁荣，人人都陷入对未来美好憧憬的时候，股市如果开始下行，则可能意味着新一轮衰退期即将到来。

2. 通货膨胀

通货膨胀是指用某种价格指数衡量的物价水平的持续、普遍和明显的上涨。通货膨胀的衡量指标有消费者物价指数（CPI）、生产者物价指数（PPI）、国内生产总值平减指数。其中，CPI主要衡量消费者为购买消费品而付出的价格变动情况，PPI主要衡量工业企业出厂价格变动趋势和变动程度，GDP平减指数是按照当年不变价格与按照基年不变价格计算的国内生产总值的比例。理论上，CPI与股市涨跌不存在函数关系，一般来说，当CPI大于3%时，该经济体为通货膨胀状态；而当CPI大于5%时，便为严重的通货膨胀状态。温和、稳定的通货膨胀对股市影响小，严重的通货膨胀往往导致证券价格下跌，抢购行为将引起资金流出，使企业资金短缺、成本暴涨、利润大跌。

当通货膨胀处于温和可控范围时（CPI在5%以下），能对经济增长和企业产生刺激作用，股市则可享受"通胀红利"推动股价上涨，当出现严重的通货膨胀（CPI超过5%）时，"通胀红利"就会逐渐变为"通胀猛虎"，伤害经济增长，蚕食企业盈利，"通胀无牛市"的说法就会变为现实。通货紧缩与通货膨胀相反，是指在现行物价水平下，一般商品和劳务的供给超过需求，货币数量比商品和劳务少，物价水平下降。通货紧缩通常与经济衰退相伴相随，表现为投资机会减少、投资收益下降、信贷增长乏力、企业开工不足、消费需求减少、居民收入增长速度缓慢等。

3. 宏观经济运行景气指标

最主要的衡量宏观经济运行景气指标是采购经理指数（PMI）。采购经理指数是指根据企业采购与供应经理的问卷调查数据而编制的月度公布指数。PMI的分类主要有制造业PMI、服务业PM和建筑业PMI。中国将PMI分为制造业PMI和非制造业PMI，制造业PMI从2012年2月起以中物联和国家统计局服务业调查中心的名义发布。PMI高于50%表示制造业经济扩张，PMI低于50%表示制造业经济衰退。PMI与GDP高度相关，其转折点往往领先于GDP几个月。在过去几十年中，美国制造业PMI峰值领先于经济峰值6~18个月，低值领先于经济谷底2~16个月。

4. 国际收支

国际收支是指一个国家或者地区在一定时期内由对外经济往来、对外债权债务清算而引起的所有货币收支。狭义的国际收支是指一个国家或者地区在一定时期内，由于经济、文化等各种对外活动而发生的必须立即结清的外汇收入与支出。广义的国际收支是指一个国家或者地区内居民与非居民之间发生的所有经济活动的货币

国际收支发展小知识

价值之和。它是一国对外政治、经济关系的缩影，也是一国在世界经济中体系所处地位的反映。国际收支状况通常通过国际收支平衡表来反映，国际收支平衡表是系统记录该国在一定时期内国际收支项目及金融的统计表，这一统计表是各国全面掌握该国对外经济往来状况的基本资料，是该国政府制定对外经济政策的主要依据，亦是国际营销者制定营销决策必须考虑的经济环境。

5. 投资指标

投资指标是指固定资产投资额，是以货币表示的建造和购置固定资产活动的工作量，是反映一定时期内固定资产投资规模、速度、比例关系和投资方向的综合性指标。按照管理渠道的不同，全社会固定资产投资总额分为基础建设投资、更新改造投资、房地产开发投资和其他固定资产投资4个部分。

6. 消费指标

消费指标可以从城乡居民储蓄存款余额和居民可支配收入两个方面来衡量。居民可支配收入增加或消费支出减少，都会导致居民储蓄存款余额增加和信贷规模与投资需求扩大。居民可支配收入增加能促进经济景气程度和证券需求的上升。

7. 金融指标

金融指标主要从数量指标和价格指标两个指标来反映。

（1）数量指标。

①货币供应量。货币供应量是最重要的金融指标之一。中国中央银行从1994年开始对货币量划分层次，即M0、M1、M2。

$$M0 = 流通中的现金$$

$$M1 = M0 + 可开支票的活期存款$$

$$M2 = M1 + 企业单位定期存款 + 城乡居民储蓄存款 + 证券公司的客户保证金存款 + 其他存款$$

②金融机构各项存贷款余额。金融机构各项存贷款余额是某一时点金融机构的存款金额与金融机构的贷款金额。在中国，信贷规模控制是历史延续下来的货币调控手段，因此也是宏观经济分析中一个非常有用的指标。

③私人家庭金融资产总量。私人家庭金融资产总量是现金、银行存款、有价证券、保险等资产的总和，其多样化是社会融资方式变化发展的标志。

④社会融资总量。社会融资总量为一定时期内（每月、每季或每年）实体经济从金融体系中获得的全部资金总额，这里的金融体系是指各类金融机构和金融市场的总和。

$$社会融资总量 = 人民币各项贷款 + 外币各项贷款 + 委托贷款 + 信托贷款 + 银行承兑汇票 + 企业债券 + 非金融企业股票 + 保险公司赔偿 + 保险公司投资性房地产 + 其他$$

社会融资总量的快速扩张表明金融对经济的支持力度明显增加。

从2011年以来，中国人民银行开始频频提及社会融资总量这个概念，将其作为新时期的货币政策与宏观调控的目标之一。这主要是由于随着资本市场发展与货币脱媒演化，传统货币政策的中介目标M2已越来越不能适应央行调控的需要，"控制住M2（包括信贷规模）并不能控制住货币"早就成为业界和学术界的共识。

⑤外汇储备。外汇储备是一国对外债权的总和，包括黄金储备、特别提款权、在国际货币基金组织的储备头寸等，用于外债偿还和进口支付。除了

储备外汇外，还有一部分非储备外汇。2016年5月底，中国外汇储备余额高达3.19万亿美元，其主要原因是人民币升值导致的热钱流入和国际收支双顺差，形成高外汇储备同时也在一定程度上造成了中国的物价尤其是房价的持续上涨。

⑥外汇占款。外汇占款是指本国中央银行收购外汇资产而相应投放的本国货币。外汇占款来自两方面：一是中央银行在银行间外汇市场中收购外汇形成的人民币投放；二是由银行柜台市场与银行间外汇市场两个市场构成的整个银行体系（包括中央银行和商业银行）收购外汇形成的向实体经济投放的人民币资金。

外汇占款的影响机制为：央行购汇——形成央行所持有的外汇储备——投放基础货币，整个银行体系购汇——形成全社会的外汇储备——形成社会资金投放。

外汇占款是理论界在研究货币供给时着力关注的问题。实际上，外汇占款一直是中国货币投放的主要渠道之一。

（2）价格指标。

①利率。利率反映市场资金供求变动状况，反过来又影响人们的储蓄投资行为和居民金融资产选择与证券持有结构。利率包括贴现利率与再贴现利率、同业拆借利率回购利率（央行票据、国债、政策性金融债）、各项存贷款利率。其中，再贴现利率和同业拆借利率是基准利率是央行实施货币政策的工具。

②汇率。汇率是指外汇市场上一国货币与他国货币相互兑换的比率，由一国货币的实际社会购买力平价和自由市场的供求关系决定，综合反映了国际市场商品和外汇供求关系。汇率会因该国国际收支、通货膨胀率、利率、经济增长率等的变化而波动，影响一国进出口额和资本流动，进而影响一国的经济发展。

③货币政策传导机制。货币政策传导机制是用一定的政策工具引导社会经济运行状态的变化，最终实现货币政策预期目标的作用过程。

货币政策传导机制可以从三个方面实现：一是从中央银行到金融机构和金融市场，即中央银行主要是通过各种货币政策工具，直接或间接调节各金融机构的超额准备金、金融市场的融资条件，以控制各金融机构的贷款能力和金融市场的资金融通；二是从各金融机构和金融市场至企业和个人的投资与消费，即各金融机构和企业、个人在中央银行的货币政策压力下，调整自己的决策行为，从而使社会的投资、消费、储蓄等活动发生变动；三是从企业和个人的投资和消费至产量、物价、就业、国际收支的变动，即随着投资和消费的变动，产量、物价、就业、国际收支也发生变动。

货币政策传导机制的关键在于金融市场。中央银行主要通过市场实施货币政策工具，商业银行等金融机构通过市场感应中央银行货币政策的调控目的；企业、个人等非金融部门经济主体通过市场利率的变化，接受金融机构对资金供应的调节，进而影响投资与消费行为；社会各经济变量也通过市场反馈信息，影响中央银行、各金融机构的行为，进而引起货币供应的变化。

8. 财政指标

（1）财政收入。财政收入是国家财政参与社会产品分配所取得的收入，是实现国家职能的财力保证。其内容包括各项税收，如增值税、消费税、营业税、印花税、资源税、个人所得税等；专项收入，如排污费、城市水资源费和教育费附加等；其他收入，如基建贷款归还、基本建设收入、捐赠收入等；政策补贴，如国有企业计划亏损补贴等。历史证明，证券交易印花税对中国股票市场具有重大影响。

（2）财政支出。财政支出是国家财政将筹集起来的资金进行分配使用，满足经济建设和各项事业需要。其内容包括经常性支出，如政府的日常性支出、公共消费产品购买、经常性转移等；资本性支出，即政府的公共性支出，包括政府在基础设施上的投资、环境改善方面的投资以及政府储备物资的购买等。

（3）赤字或盈余。赤字或盈余是指财政收入与财政支出的差额。财政赤字过大将引起社会总需求的膨胀和社会总供求的失衡。通过发行国债或者向银行借款可以弥补赤字。但这种影响往往是间接的，即使没有财政赤字，也会引起物价上涨与通货膨胀，因为财政政策常需要货币政策配合。

（4）主权债务。主权债务是指一国以自己的主权为担保向外（如国际货币基金组织、世界银行及其他国家）借来的债务。适度举债可以促进本国经济发展，过度举债则会引起主权债务危机。预警指标有两个——国债负担率和债务依存度。

国债负担率＝国债累积余额/GDP。发达国家上限为60%，发展中国家上限为45%。

债务依存度＝债务收入/财政支出。一般的警戒线是20%，发展中国家的警戒线是25%，危险线是30%，若超过25%，容易发生债务危机。

在欧盟国家的赤字标准中，赤字率不得超过3%，国债负担率不得超过60%。

任务二　熟悉宏观经济政策分析

国家政策对股市的影响是很大的。长久以来，关于中国股市是不是"政策市"的争论从未停歇。从多年的发展历程可以知道，中国股市已逐渐摆脱"政策市"的帽子，国家政策对股市只能起到控制涨跌速度的作用，很难产生根本性影响。

随着中国从计划经济向市场经济的转变，政府的态度也在发生变化。过去政府通过行政命令干预经济较多，现在却更多通过各种政策进行宏观调控。经济增长速度过快或过慢都不符合国家的利益，保持经济平稳发展才是政府宏观经济政策的目标。对于股市，政府的态度也是一样的。当股市上涨过多的时候，政府会出台一些政策，让上涨速度慢下来；当股市下跌过多的时候，政府又会出台一些政策，让股市涨起来。在中国股市发展的初期，股市规模偏小，同时政府对股市的调控水平也非常有限，所以往往一个政策出台，股市就会发生方向性的改变。股市的大方向本来是上涨，限制性的政策一出台，股市就变成了下跌；股市的大方向本来是下跌，鼓励性的政策一出台，股市就变成了上涨。这就形成了中国股市是"政策市"的说法。

一、货币政策与股市

货币政策的作用

央行实施货币政策的三大工具是法定存款准备金率、再贴现率和公开市场业务。货币政策是金融政策的核心，但并不是金融政策的全部。中国习惯上用货币政策来指代金融政策，货币政策还包括利率、汇率和信用管制。

1. 利率与股市

利率是一定时期内利息与本金的比率。对于普通股民来说，最主要的利率是银行存款利率和银行贷款利率。

一般情况下，利率的升降与股价的变化呈反向运动关系。利率的上升不仅会增加公司的借款成本，而且还会使公司难以获得必需的资金，这样，公司就不得不削减生产规模，而生产规模的缩小又势必减少公司的未来利润。一部分资金从投向股市转向银行储蓄和购买债券，减少市场上的股票需求，使股票价格出现下跌。反之，股票价格就会上涨。

利率水平是可以衡量股票市盈率的。市盈率是对股票的一种估值，一般与银行一年期定期存款利率成反比。如果一年期定期利率水平为3%，对应的市盈率合理范围就是33±5倍，即28～38倍；如果将利率提高到5%，对应的市盈率合理范围就是15～25倍。

2. 法定存款准备金与股市

商业银行利润的主要来源是存贷款利率的差额。但是，银行并不能把所有的存款都放贷出去，否则就不能保证存款客户的正常取款需要。于是，中国人民银行要求中国工商银行、中国农业银行、中国建设银行等商业银行在所有存款中提取一部分，放到中国人民银行作为存款准备金，存款准备金占存款总额的比例就是存款准备金率。

对于股市来说，存款准备金率提高，意味着银行可供贷款的资金量减少，整个市场上的资金总量会下降，相应流入股市的资金也有可能因此而减少。

从中国调整法定存款准备金率的情况来看，存款准备金率对市场有一定短期影响，但是很难改变市场的根本趋势，无论是上调还是下调，调整前是牛市，调整后基本还是牛市；调整前是熊市，调整后基本还是熊市。法定存款准备金率上调和下调的区别就是，上调的时候，会使熊市里的股票跌幅更大一些；下调的时候，会使牛市里的股票涨幅更大一些。

虽然法定存款准备金率的调整对股市的影响不大，但是法定存款准备金率调整的转折点对股市的影响却很大。例如，法定存款准备金率的变化趋势从增加改为减少，从减少改为增加，或者调整的频率开始变大，这些关键点的变化都有可能引起股市的大幅波动。其原因在于，货币政策往往是配套使用的。因此，通过法定存款准备金率的变化往往能提前预知利率的变化。

3. 再贴现率与股市

再贴现是中央银行通过买进商业银行持有的、已贴现但尚未到期的商业汇票，向商业银行提供融资支持的行为。再贴现率是商业银行将其贴现的未到期票据向中央银行申请再贴现时的预扣利率。再贴现意味着商业银行向中央银行申请贷款，从而增加了货币投放量，相当于直接增加了货币供应量。再贴现率的高低不仅直接决定再贴现额的高低，还会间接影响商业银行的再贴现需求，从而整体影响再贴现规模。

再贴现这种金融模式在国外获得蓬勃发展，在中国却进展缓慢且规模偏小，各类企事业单位很少采用再贴现方式融资。从2008年以来，央行又再度进行尝试，但总体规模偏小仍是再贴现市场的现实。因此，再贴现率的调整对中国股市影响不大，调整前后在短期内对股市有一定的影响，但很难使趋势发生较大变化。

4. 公开市场业务与股市

公开市场业务是指中央银行通过买进或卖出债券等有价证券，调节整个市场上货币供应量的行为。假设现在中央银行开始从银行间债券市场用人民币买入国债，那么央行就将更多的人民币投入了市场，市场上货币的供应量就增加了；反之，如果中央银行将以前买入的国债卖出，则意味着从市场上回收人民币，市场上货币的供应量就减少了。

中国人民银行的公开市场业务从1994年起步，在2002年之前，国债和金融债是其主要操作对象。从2002年起，央行票据成为中国公开市场业务的主要工具。央行票据是中央银行为调节整个市场上的货币供应量，而向商业银行发行的短期债务凭证。发行央行票据意味着中国人民银行通过这种特殊形式的债券使人民币回笼，从而减少市场上的人民币总量。央行票据到期意味着起初回笼的人民币重新投放到市场中，增加了市场上人民币的总量。这样，中国人民银行就实现了调节市场货币供应量的目的。央行票据发行的品种有3个月、6个月、1年和3年。

央行票据与股市的联系在于，央行票据是中国宏观经济运行周期及其状况的"预警器"，中国的重大经济政策（特别是银行利率）在调整前，往往会在央行票据上有所体现。理解央行票据中所蕴含的"隐语"往往可以让普通股民未雨绸缪，把握先机。

央行票据中蕴含的"隐语"主要通过以下方式呈现：逐步增加或减少央行票据品种数量；改变央行票据发行的时间间隔和数量。

央行票据对股市有下列影响。

（1）央行票据可以通过银行利率间接影响股市。从中国央行票据的发行与银行利率关系可以看出，两者有明显的联系。其中，6个月央行票据的发行与否，往往是利率政策将出现阶段性变化的信号；而1年期央行票据和3年期央行票据的标识作用则更为明显。

（2）央行票据可以通过发行的品种和规模直接影响股市。央行票据的投资主体是各种金融机构，这些金融机构往往也是股市上的投资主力。当股市热情高涨而又隐含危机时，央行开始发行占款时间更长的3年期央行票据，加上已经在发行的3个月期和1年期央行票据，金融机构的资金占用量更多了。同时，当经济有下行趋势时，各金融机构也会愿意选择更为稳妥的投资形式——央行票据，以降低可能到来的市场风险。央行与金融机构双向选择的结果可能使股市里的机构资金加速离场，加速熊市的到来。

5. 汇率与股市

从理论上说，股市的涨跌是供求关系的表现，而影响供求关系的因素又是多方面的。就汇率而言，一国对外币汇率的上升将导致更多的外币兑换本币。对于一个开放的市场，用外币换取的本币将有可能进入股票市场，从而扩大股市资金来源，促使股票价格上涨。反之，本币的大量流失将导致股市资金流向汇市，致使股价下跌。汇率的变化与一国股市并不存在绝对的正相关或负相关关系，应视该国的开放程度而定。

汇率的定义

本国货币升值有利于进口，不利于出口；本国货币贬值有利于出口，不利于进口。如果公司产品出口海外，且原料不需要进口，则当本国货币升值时，将不利于销售，而原料成本不变，因此将导致公司盈利下降，股票价格下跌。如果公司产品在国内销售，且原料需要进口，则当本国货币升值时，产品销售受影响不大，而原料成本下降，因此将导致公司盈利上升，股票价格上升；相应地，当本国货币贬值时，将出现相反的结果。如果公司生产的大部分产品在国内市场上销售，且原料不需要从国外进口时，汇率的变化对公司产品销售及原料成本的影响不大，此时的股票价格保持不变。

二、财政政策与股市

1. 税收政策与股市

税收是国家财政收入的重要来源。有了财政收入，国家才能进行各种基础设施建设。虽然税收很有意义，但税率增加对股市来说并不是好事。税率上涨会降低相关企业的利润率，使其股价下跌。相应地，税率降低会增加相关企业的利润率，使其股价上涨。

2. 预算政策与股市

财政预算是指国家对未来一定时期内财政收入与财政支出的总体计划。国家在采用各种方法增加财政收入、减少财政支出时，如果采取的是紧缩性的财政政策，相关企业的利润会减少，股票价格就会下跌；反之，股票价格则会上涨。

三、宏观因素分析的几个维度

（一）政治法律环境

1. 含义

政治法律环境是指对企业生产经营活动具有实际与潜在影响的政治力量和对企业生产经营活动加以限制和要求的法律法规等因素。具体来说，政治环境主要包括国家政治制度、政党制度、政治性团体、党和国家的方针政策、社会政治气氛、政治思想等因素。法律环境主要包括国家的法律规范、国家司法与执法机关、企业的法律意识等因素。企业由于总是处在一定的国家和地区范围内，必然受到一定国家和地区政治法律环境的影响，且政治法律环境对企业经营的影响是广泛而深刻的，有时甚至是决定性的。

企业在进行经营战略选择时，首先要考虑的问题是拟投资企业所在国家和地区政局的稳定性和安全性，在此基础上，要着重考虑政府对发展地方经济的支持力度和政务工作的效率。一般来说，为了促进当地经济的发展，国家和地方政府会出台一系列优惠政策吸引投资，为企业提供优质高效的行政服务，切实保障企业的利益。

因此，企业应选择稳定安全、能提供高效优质服务的政治法律环境。对于从事国际化经营的企业而言，还需要考虑目标国家对外来企业和外来商品的政策及态度等。

2. 分析要点

企业在选择政治法律环境时可从以下几点分析：政治环境是否稳定；政策的变化对企业是否有利；政府是否制定并实施对企业不利的法律；政府是否与其他组织签订过贸易协定，如欧盟、北美自由贸易区、东盟等。

3. 政治法律环境因素的特点

政治法律环境因素对企业影响的特点包括：不可预测性，企业很难预测国家政治环境的变化；直接性，国家政治环境直接影响企业的经营状况；不可逆转性，政治法律环境一旦影响到企业，就会发生十分迅速和明显的变化，这是企业无法避免的。

（二）经济环境

1. 含义

经济环境是指直接影响企业生存和发展的国家经济发展状况及趋势、经济体制与其运行状况、国家的经济政策及措施等因素。具体来说，经济环境主要包括社会经济结构、经济体制、经济发展状况、国家经济政策等因素。经济环境是影响企业生存和发展最重要的宏观环境。企业在进行经营战略选择时，应密切关注经济形势的发展，要对国家经济政策的变化、自然资源的丰欠程度、人口规模和结构的改变和经济增长速度等因素进行深入分析并采取相应的措施，抓住机遇，避免危机的出现，以适应不断变化的经济环境。

企业的经济环境主要包括以下因素。

（1）社会经济结构。社会经济结构是指国民经济中不同的经济成分、不同的产业部门和社会再生产各方面在组成国民经济整体时相互的适应性、量的比例和排列关联状况。社会经济结构主要包括产业结构、分配结构、交换结构、消费结构和技术结构，其中最重要的是产业结构。

（2）经济发展水平。经济发展水平是指一个国家经济发展的规模、速度和所达到的水平，反映一个国家经济发展水平的常用指标有国内生产总值、国民收入、国民人均收入和经济增长速度。

（3）经济体制。经济体制是指国家经济组织的形式，它规定了国家与企业、企业与企业、企业与各经济部门之间的关系，并通过一定的管理手段和方法来调控或影响社会经济流动的范围、内容和方式等。

（4）宏观经济政策。宏观经济政策是指实现国家经济发展目标的战略与策略，包括综合性的全国发展战略和产业政策、国民收入分配政策、价格政策和物资流通政策等。

另外，还有一些其他经济影响因素，包括税收水平、通货膨胀率、贸易差额和汇率、失业率、利率、信贷投放以及政府补助等。

2. 对企业的影响

企业要密切关注国家经济政策的变化。政府制定的经济政策对某一行业及其企业的影响,既可以是鼓励和保护性的,也可以是限制和排斥性的。例如,2005年12月,国务院发布并实施的《促进产业结构调整暂行规定》中的《产业结构调整指导目录》就是由鼓励类、限制类和淘汰类三类目录组成。对于鼓励类产业投资项目,国家制定了优惠政策支持,以消除经济持续发展的瓶颈;对于限制类项目,国家督促改造和禁止新建;而对于淘汰类项目,国家禁止投资,可以采取高税收、行业管制等政策,如金融机构可停止各种形式的授信支持,有关部门可依法吊销企业的生产许可证等。

(三) 人口环境

1. 含义

人口是市场的第一要素。人口数量直接决定市场规模和潜在容量,人口的性别、年龄、民族、婚姻状况、职业、居住地分布情况等也对市场格局产生着深刻影响,从而影响着企业的营销活动。企业应密切关注人口特性及其发展动向并及时调整营销策略以适应人口环境的变化。

人口数量是决定市场规模的一个基本要素。如果收入水平不变,人口越多,对食物、衣着、日用品的需求量也越多,市场规模也就越大。

人口结构主要包括以下内容。

(1)年龄结构。不同年龄的消费者对商品和服务的需求是不一样的,不同年龄结构形成了具有年龄特色的市场。企业在了解不同年龄结构所具有的需求特点后,就可以决定企业产品的投向,寻找目标市场。

(2)性别结构。性别差异会给人们的消费需求带来显著的差别,反映到市场上就是男性用品市场和女性用品市场。企业可以针对不同性别的不同需求生产适销对路的产品,制定有效的营销策略,开拓更大的市场。

(3)教育与职业结构。由于受教育程度与职业不同,消费者对市场需求表现出不同的倾向。随着高等教育规模的扩大,人口的受教育程度普遍提高,收入水平也逐步提高。企业应关注人们对报刊、书籍、计算机这类商品的需求变化。

(4)家庭结构。家庭是商品购买和消费的基本单位。一个国家或地区的家庭单位数量以及家庭平均人员数量可以直接影响某些消费品的需求数量。同时，不同类型家庭往往有不同的消费需求。

（5）社会结构。中国大部分人口属于农业人口，而这样的社会结构要求企业营销时应充分考虑农村这个大市场。

（6）民族结构。中国是一个多民族的国家，由于民族不同，文化传统、生活习性也不相同。其具体表现在饮食、居住、服饰、礼仪等方面的消费需求都体现着风俗习惯。企业营销时要重视民族市场的特点，开发符合民族特性、受其欢迎的商品。

2. 对企业的影响

人口规模和结构的改变对企业行业选择的影响更为直接。人类的需求是企业生产的前提，一切生产都是为人类服务的。人口总量的变化，不同的年龄构成、性别构成、文化教育水平等，都会影响不同的需求构成，进而影响着相应的市场。例如，随着社会老龄化的到来，庞大的老年群体已成为"消费大军"。然而，有关老年产品的研究机构和设计部尚且不足，生产老年产品的厂家也不多，一些深受老年人欢迎的商品，如多用途拐杖、沙发式便桶、健身器材等远远无法满足需求，蕴藏着巨大的商机。企业经营管理者应分析市场的变动，从中抓住商机，拓展新的业务空间。

（四）技术环境

1. 含义

技术环境是指企业所处环境中的科技要素及与该要素直接相关的各种社会现象的集合，包括国家科技体制、科技政策、科技水平和科技发展趋势等因素。在社会主义市场经济条件下，企业是市场竞争的主体，也是技术创新的主体。技术进步对经济发展的影响，从本质上说是企业对新技术的开发投入、采用和扩散。新技术的快速扩散，能使产品的生命周期大幅度缩短，给那些能快速推出新产品和新服务的企业带来竞争优势，最先导入新技术的企业通常能够占领更大的市场份额，获得更高的回报。

2. 对企业的影响

技术越来越成为企业生存和发展的关键因素。对各行业企业来说，要密切关注所在行业的技术发展动态和竞争者在技术开发、新产品开发方面的动向，及时了解是否有当前技术的替代技术出现，并发现可能给企业带来竞争利益的新技术、新材料和新工艺。新技术、新材料和新工艺的出现，不仅可以进一步强化企业专业化经营的深度和广度，还可能预示着新型产业的诞生，如再制造技术就是以先进技术和产业化生产为手段，修复和改造废旧机电设备，使之恢复性能甚至获取新的性能，从而延长设备使用寿命。中国是设备大国，资产规模庞大，每年因各种原因导致设备停产、报废所造成的损失逾千亿元，大量设备的报废对环境和资源也造成巨大压力。研究和开发再制造技术，并将再制造业发展成为一个规范的现代化产业，从无法再利用的电子垃圾中，低成本、低污染、高效率地回收金属、塑料、玻璃等原料投入再生产，能够使企业在节能、节材、降耗、减少污染和提高经济效益上发挥巨大作用，大力推动中国循环经济发展。

企业管理者应当密切关注技术进步的情况，不断增加研发费用，并注重新技术的商业化应用，这样才可以在专业化经营和多元化发展的道路上越走越远。

（五）社会文化环境

1. 含义

社会文化环境是指企业所处地区在社会与文化方面所具备的基本条件，它包括民族特征、文化传统、价值观、宗教信仰、教育水平、社会结构、风俗习惯等因素。社会文化因素对企业经营战略的影响是间接的、潜在的和持久的。企业对社会文化环境进行分析的目的是把社会文化内化为企业文化，建立一套独特的管理思想，形成员工共同认可的价值观，使一切生产经营活动都能通过文化环境的价值检验。另外，企业对社会文化环境的分析与关注最终将落实到对员工福利的重视上，从而有效激励员工更好地为客户服务。

2. 对企业的影响

随着人们物质文化生活水平的提高，重视品牌和产品质量已成为当代中国青年的消费理念，品牌也成为企业与消费者建立良好关系的工具，是企业争夺消费者的手段之一。消费者的需求可分为物质需求和心理需求。物质需求就是购买这个产品的直接用途，如吃、喝、穿、行等。心理需求则相对较复杂，如体现身份的需求、彰显个性的需求、寻找快乐的需求等。而把这两种需求组合在一起就更复杂了。例如，一块普通手表仅用30元就可以买到，但一块劳力士手表卖30万元也有人戴；一辆普通轿车仅用10万元就可以买到，但一辆宝马轿车卖100万元还有人买。只有品牌才能满足这种错综复杂的消费需求。企业在选择经营战略时，应注重这种消费需求，在专业化经营过程中不断提高产品质量，扩大品牌效应。日本学者上野明在《怎样创优良企业》一书中指出："优良企业能够先于其他企业预见经营环境的变化并采取相应的战略，这说明'变幻莫测的时代'这一说法是站不住脚的，它只不过是缺乏洞察力经营者的遁词。"宏观环境的变化，要求企业经营管理者在经营战略选择时必须认真分析，明确企业自身面临的机遇和危机，并利用机遇避免或消除危机，以适应环境的变化，从而在专业化经营和多元化发展的选择中做出最佳决策。

（六）自然环境

1. 含义

自然环境是指自然界提供给人类的各种形式的物质资料，如阳光、空气、水、森林、土地等。

自然资源可分为两类：一类是可再生资源，如森林、农作物等，这类资源是有限的，可以被再次生产出来，但必须防止过度采伐森林和侵占耕地；另一类是不可再生资源，如石油、煤炭、银、锡、铀等，这种资源蕴藏量有限，随着人类的大量开采，有的矿产已处于枯竭的边缘。

2. 对企业的影响

自然资源短缺不仅会使许多企业面临原材料价格大涨、生产成本大幅度上升的威胁也会迫使企业研究更加合理地利用资源的方法，开发新的资源和替代品，这些又为企业提供了新的营销机会。

工业化、城镇化的发展对自然环境造成了很大的影响，环境污染问题日趋严重，许多地区的污染程度已经严重影响到人类的身体健康和自然生态平衡。环境污染问题已引起各国政府和公众的密切关注，这对企业的发展是一种压力和约束，要求企业为治理环境污染付出一定的代价，促使企业研究控制污染技术，兴建绿色工程，生产绿色产品，开发环保包装。

自然资源的丰欠也在一定程度上影响着企业已投资产业的成败，如石油危机的冲击在导致汽车燃油价格上涨、用车成本上升的同时，也使宏观经济的发展减速，使消费者信心指数下滑，在两者的双重作用下，汽车销量也随之下降，对汽车制造业产生了强烈的影响。

证券投资实务

任务训练

第一季度中国经济稳中有进 "奋力一跳" 能够实现全年预期目标

2024年,中国经济首季报迎来"开门红"。国家统计局16日发布的数据显示,初步核算,第一季度国内生产总值为296 299亿元,按不变价格计算,同比增长5.3%。如何看待第一季度中国经济"成绩单"?第二季度如何接续发展,发展信心从何而来?

"观察中国经济的运行情况时,既要看总量,也要看结构,还要看趋势和潜力。从当前经济运行的特点看,当经济总量在保持稳定时,结构也在不断优化,消费需求、投资需求也在稳健恢复。"近日,国家信息中心经济预测部产业经济研究室主任、研究员魏琪嘉在做客《中国经济微观察·专家谈》栏目时表示,我国第一季度的经济增长可以用一个关键词来总结:稳中有进,这很好地概括了我国第一季度经济运行的主要特征。

经济增长目标是提振信心的关键。魏琪嘉表示,展望全年中国经济发展态势,相信通过持续的政策发力,2024年,实现5%左右的经济增长目标是"奋力一跳"就能够实现的。

请分析以上宏观经济数据包括哪些指标,它们对股票市场有何影响?

任务评分标准:

序号	考核指标	所占分值	标准	得分
1	完成情况	10	是否在规定时间内完成并上交	
2	内容	60	内容完整充分、有理有据	
3	创新度	30	有自己的思考和观点	
总分				

活页笔记

学习过程：

知识重难点记录：

学习体会及收获：

实践操作总结：

项目五

开展行业分析和公司分析

【价值目标】

◆ 树立投资发展分析意识,坚信国家的发展方向才是投资的方向。
◆ 树立行业经济政策风险意识。

【知识目标】

◆ 熟悉行业分析的方法。
◆ 掌握公司的财务比率分析等方法。

【技能目标】

◆ 能够进行行业分析和上市公司具体情况分析。
◆ 能够编制行业分析报告和公司分析报告。

证券投资实务

引导案例

业内人士认为，节能新能源汽车和纯电动车技术标准等政策的集中出炉意味着中国纯电动车产业将在提高规范性的基础上加快发展，并有望在拉动内需方面起到重要作用。在此消息刺激下，汽车股整体表现强势，涨幅排名位居行业排名第五，涨幅为1.16%。业内人士表示，国务院常务会议研究确定的60亿元节能汽车补贴资金为新的节能汽车补贴政策提供了资金保障，是原有政策的合理延续。

案例思考：根据案例中的资料，请问行业分析在股市中的作用是什么？

任务一 掌握证券投资基本分析——进行行业基本分析

一、认识行业

行业是指从事国民经济中相同性质生产或其他经济社会活动的经营单位和个体等构成的组织结构体系。在美国证券市场，投资者一般按道琼斯分类法将大多数股票分为工业、运输业和公用事业三类。按照联合国经济和社会事务统计局的建议，《全部经济活动国际标准行业分类》把国民经济划分为10个门类：农、林、牧、渔；采矿业及土、石采掘业；制造业；水、电、煤；建筑业；批发和零售业、饮食和旅馆业；运输、仓储和邮电通信业；金融、保险、房地产和工商服务业；政府、社会和个人服务业；其他。1985年，国家统计局明确划分三大产业，即第一产业（农业）、第二产业（工业和建筑业）、第三产业（其他），并分别于2003年、2012年、2018年对三大产业的划分规定进行了修订。2017年，中国发布《国民经济行业分类》（GB/T 4754—2017），并于2019年发布了第1号修改单，将国民经济行业分为门类20个、大类97个、中类473个、小类1 382个。根据中国上市公司协会在2023年5月公布的《中国上市公司协会上市公司行业统计分类指引》，中国的上市公司行业共分成19个门类，91个大类，911个中类。

二、行业的生命周期

行业的生命周期指行业从出现到完全退出社会经济活动所经历的时间。行业的生命周期主要包括幼稚期、成长期、成熟期、衰退期。

（一）幼稚期

1. 含义

一个行业的萌芽与形成，最基本，也是最重要的条件是人们的物质文化需求。资本支持与资源的稳定供给则是该行业形成的基本保证。

2. 行业形成方式

（1）分化，即新行业从原行业（母体）中分离出来并形成一个独立的行业，如石化行业是从石油行业中分化出来的。

（2）衍生，即出现与原有行业相关、相配套的行业，如汽车修理业与汽车业。

（3）新生长，即新行业以相对独立的方式运行并不依附原有行业，这通常是科技突破的结果。

3. 特征

（1）只有为数不多的投资公司投资该行业。

（2）研究和开发费用较高，成功的不确定性大。

（3）大众对产品缺乏全面了解，致使产品市场需求较小、销售收入较低。

（4）财务上不盈利，还出现大幅亏损。

（5）市场风险、财务风险与破产风险都较大。

（6）后期随着生产技术成熟，生产成本降低，市场需求扩大，新行业进入成长期。

在创业板上市的企业大部分属于该时期。创业板上市公司汉王科技业绩大变脸就是因为这个行业还处于幼稚期，企业发展还非常不确定，因此其主导产品"电纸书"容易被该细分行业中的其他企业或相关行业的替代而丧失原有的市场份额。

（二）成长期

1. 含义

行业成长实际上是指促使企业的扩大规模再生产，而企业的成长能力主要体现在规模的扩张，生产能力、区域横向渗透能力和自身组织结构变革能力的增强。

2. 成长期的行业表现

（1）需求弹性较高，成长能力也较强。

（2）技术进步快，创新能力强，生产率提升快，并且容易保持优势地位。

（3）市场容量和市场潜力大，成长空间大。

（4）行业的空间转移活动停止时，行业成长到达了市场需求边界，成长期也进入尾声。

（5）企业组织不断集团化、大型化。

3. 成长期的阶段

（1）成长期的初期：技术逐渐成形，市场认可并接受行业产品，产品销量迅速增长，市场份额逐步扩大，但企业仍然亏损或微利，需要外部资金注入以增加人员和设备数量，以及进行下一代产品的开发。

（2）加速的成长期：产品和服务被广大消费者接受，销售收入和利润开始加速增长，新机会不断出现，但企业仍需大量资金以实现高速增长。研发、营销、资本和融资实力强的企业迅速占领市场，其中一部分优势企业脱颖而出，行业增长非常迅猛，投资回报往往极高。

（3）成长期的后期：企业不仅依靠扩大产量和提高市场份额获得竞争优势，还不断提高生产技术水平，降低成本，研制和开发新产品，从而战胜竞争对手和维持企业的生存。

4. 特征

（1）利润增长很快，但竞争风险也非常大，破产率和被兼并率非常高，企业数量在某个阶段大幅减少，随后逐渐稳定下来。

（2）由于市场需求趋向饱和，产品的销售增长率减慢，迅速赚取利润的机会减少，整个行业开始进入成熟期。

目前，中国的电动汽车、新能源等行业在某种程度上已经进入成长期，其市场份额、利润增长率和发展速度都明显领先其他行业，而电子计算机、软件、通信行业等则已经进入成长期的后期阶段。

（三）成熟期

1. 成熟期的行业表现

（1）产品成熟：基本性能、式样、功能、规格、结构等趋于成熟，消费者已有使用习惯。

（2）技术成熟：行业内企业普遍采用的是适用的且具有一定先进性和稳定的技术。

（3）生产工艺成熟。

（4）产业组织成熟：行业内企业已建立良好的分工协作关系，市场竞争有效运作，市场结构稳定。

2. 特征

（1）某些企业规模空前，地位显赫，产品普及程度高。

（2）行业生产能力和市场需求接近饱和，买方市场特征很明显。

（3）构成支柱产业地位，要素、产值和利税在国民经济中占有一席之地。

3. 行业格局

（1）市场已被少数资本雄厚、技术先进的大厂商控制，整个市场的生产布局和份额在相对较长的时期内处于稳定状态。

（2）企业之间转向非价格手段，如质量、性能和服务等。

（3）一定程度的垄断使行业利润较高，市场结构比较稳定，风险较低。

4. 成熟期的增长表现

（1）行业增长速度降到一个适度水平。

（2）在某些情况下，整个行业的增长可能完全停止，行业产出甚至出现下降态势。

（3）行业发展难以与国民生产总值保持同步增长。

（4）由于技术创新、产业政策、经济全球化等原因，某些行业可能在进入成熟期后迎来新的增长。

（四）衰退期

1. 分类

按不同的分类标准，衰退可分为自然衰退和偶然衰退，或者绝对衰退和相对衰退。自然衰退是指一种自然状态下到来的衰退。偶然衰退是指在偶然的外部因素作用下提前或延后的衰退。绝对衰退是指行业在内在的衰退规律作用下发生的规模萎缩、功能衰退、产品老化。相对衰退是指由于行业结构或无形原因引起行业地位和功能发生衰减，而非行业实体的绝对萎缩。

2. 原因

由于替代品大量出现，原行业产品的市场需求逐步减少，产品销售量开始下降，某些企业转而投资其他更有利可图的行业，因此原行业出现生产企业数量减少、利润难增，甚至不断下降的萧条景象。

3. 特征

行业的衰退期往往很长，大量行业都是衰而不亡，甚至会与人类社会长期存在，如烟草、钢铁和纺织业等。在中国，手机、钟表、自行车等行业已经或正在经历着其生命周期中的第4个典型阶段。因此，从行业发展的角度出发，企业应尽量选择国家支持的、竞争不太激烈且正处于成长期的行业投资。

三、经济周期与行业分析

根据行业与经济周期的关系，行业可分为三类：增长型行业、周期型行业、防守型行业。

（一）增长型行业

经济周期的概念

增长型行业又称朝阳产业或新兴产业，增长型行业的运行状态与经济活动总水平的周期及其振幅并不紧密联系，在经济高涨时，其发展速度通常高于平均水平，在经济衰退时，其所受的影响较小，甚至仍能保持一定的增长。

这些行业的收入增长速度并不总是随着经济周期的变动而出现同步变动，因为它们主要依靠技术的进步、新产品的推出及更优质的服务，从而经常呈现出增长形态。目前我国增长型行业的典型代表包括生物技术、新一代信息技术（云计算）、新能源、新能源汽车等行业。

（二）周期型行业

周期型行业的运动状态与经济周期紧密相关。在经济处于上升阶段时，这些行业会紧随扩张，在经济衰退时，这些行业会相应衰落，收入的变化幅度往往在一定程度上夸大了经济周期性的作用。

在经济处于上升阶段时，这些行业相关产品的购买相应增加；在经济衰退时，这些行业相关产品的购买被延迟到经济改善之后。

周期型行业典型代表包括电力、煤炭、有色金属、消费品业、耐用品制造业及其他需求收入弹性较高的行业，如黄金首饰行业等。

在流动性大幅提升或经济复苏（或繁荣）阶段，往往会出现"煤"（煤炭）飞"色"舞（有色金属等资源股）行情，这类板块的表现常常强于大盘，也因此而成为"抗通胀"最有力的投资方式。

（三）防守型行业

防守型行业的经营在经济周期的上升和下降阶段都很稳定，不受经济衰退周期的影响，有些企业或行业甚至在经济衰退时期还会有一定的实际增长。这种运动形态的存在是因为该类型行业的产品需求相对稳定，需求弹性小，经济衰退周期对这种行业的影响也比较小。

防守型行业的典型代表包括食品、医药等行业。处于该行业的企业生产出的产品往往是生活必需品或必要的公共服务，而人们对其产品有相对稳定的需求，因此该行业中具有代表性的公司盈利相对稳定。

四、行业的市场结构分析

市场结构是依照行业中厂商的数量以及商品的差异化程度来划分的各种市场组织形式。一般将市场结构划分为四种类型：完全竞争市场、垄断竞争市场、寡头市场和完全垄断市场。

（一）完全竞争市场

垄断竞争市场和完全竞争市场的区别

完全竞争市场是指市场上有大量的厂商，每个厂商的产量都很小，无法影响市场价格的市场。在这种市场中，每个厂商都是价格的接受者，产品同质。完全竞争市场的特征是信息充分、自由进出、无外部干预等。

（二）垄断竞争市场

垄断竞争市场是指市场上存在一定数量的厂商，每个厂商都有一定的市场份额，但各厂商的产品存在一定的差异的市场。在这种市场中，每个厂商都可以通过自己的产品特色和品牌形象来影响市场价格。垄断竞争市场的特征是产品差异化、进出较容易、市场份额相对稳定等。

（三）寡头市场

寡头市场是指市场上只有少数几家厂商，每家厂商的产量都很大，对市场价格有显著影响的市场。在这种市场中，每家厂商的产量和价格都会对整个市场产生影响。寡头市场的特征是厂商数量少、市场份额大、产品同质化或差异较小等。

（四）完全垄断市场

完全垄断市场是指市场上只有一家厂商，而该厂商拥有整个市场的全部产量和价格决定权的市场。这种市场结构在现实中比较罕见，通常是由政府授权或法律规定形成的。完全垄断市场的特征是厂商数量唯一、占据全部市场份额、无替代产品等。

完全竞争市场是一种理想的市场结构，可以实现资源的最优配置。但在现实中，大部分行业和市场都是垄断竞争或寡头的形式，因此对于这些市场的效率分析需要考虑多个方面。一方面，垄断竞争市场和寡头市场的存在可能导致资源配置效率低下和消费者福利损失；另一方面，这些市场的存在也可以促进企业的创新和技术进步。因此，对于不同类型和市场结构的效率分析需要综合考虑多方面因素。

中国汽车行业展望

2023 年，在一系列产业扶持政策及促消费政策的支撑下，国内市场需求释放，同时汽车出口势头强劲，全年产销量均创历史新高；预计宏观经济的进一步恢复及相关政策的延续将支撑汽车行业的稳步发展。

2023 年，汽车出口及新能源成为拉动乘用车市场增长的重要因素，全年乘用车市场需求逐步释放，销量保持良好的增长态势；行业集中度维持高位且行业竞争格局稳定；自主品牌乘用车在新能源领域布局较早，带动自主品牌乘用车市场占有率进一步提升。

自 2023 年以来，宏观经济的稳步向好对商用车市场的恢复起到支撑作用；同时，车多货少的局面得到边际改善，国家及地方的促消费政策和手段推动商用车市场释放需求，加上商用车海外市场的需求增加，商用车市场实现恢复性增长；预计在旅游市场火爆、物流需求增长、基建恢复及新能源商用车快速发展等的推动下，商用车市场或将进一步回暖。

2023 年，新能源汽车相关政策很大程度上提振市场信心，叠加促消费政策等因素刺激人们对新能源汽车需求的进一步释放；同时，海外新能源市场需求亦有所扩大，中国新能源汽车销量进一步增长，市场渗透率进一步提升，长远看中国新能源汽车市场仍将有较大的发展空间。

自 2023 年以来，汽车行业进一步恢复，车企整体经营获现能力有所提升，虽然债务规模有所增长，但融资渠道畅通且货币资金充裕，整体偿债压力较为可控；自主品牌、新能源车及出口将贡献主要增量，以合资品牌为代表的传统燃油车企业盈利水平或将持续承压,需持续关注新能源车和出口增长的可持续性及商用车需求的恢复情况。(研报机构:中诚信国际;研报作者:陈田田。)

案例思考:根据以上资料,请你给出对汽车行业的投资建议和风险提示。

任务二　上市公司基本分析

公司分析是指通过对公司经营管理的一些基本方面（如公司的竞争能力、盈利能力、经营管理能力、发展潜力、财务状况、风险承受能力等进行分析）来评估和预测证券的投资价值及未来变化趋势的过程。

公司分析的基本途径主要包括公司基本素质分析、公司财务报表分析、公司证券投资价值（采用收益的资本化定价方法）与投资风险分析等。

一、上市公司行业竞争优势和区位优势

（一）行业竞争优势

上市公司行业地位分析是判断该公司在所处行业中的竞争地位，如是否为领导企业，在价格上是否具有影响力和竞争优势等。公司行业地位决定了其盈利能力是低于还是高于行业平均水平，以及其在行业中的竞争地位。衡量公司行业地位的主要指标是行业综合排序和产品的市场占有率。

行业的竞争程度是否激烈决定了该行业中企业议价能力的大小。行业的竞争程度越低，该行业中企业决定价格的能力越强，所获得的垄断暴利也就越多；行业的竞争程度越高，则该行业中企业决定价格的能力越弱，所获得的垄断暴利也就越少。选股票时，应尽量选择竞争程度低行业的股票。

（二）区位优势

区位或经济区位是指地理范畴上的经济增长带或经济增长点及其辐射范围。区位是资本、技术和其他经济要素高度积聚的地区，也是经济快速发展的地区。当地政府一般都会制定相应的经济发展战略，提出相应的产业政策，确定区域内优先发展和扶植的企业，并实施相应的财政、信贷和税收等诸多优惠措施。区域产业政策的作用在于引导和推动相应产业的发展，从而使得相关产业内的公司受益。若该上市公司的主营业务符合当地政府的产业政策，一般会获得诸多政策支持，有利于上市公司的进一步发展。

将上市公司的价值分析与区位经济的发展联系起来，便于分析其未来发展前景以及确定其价值。很多投资者都听说过本地股行情，本地股行情是指上海、深

圳这两个经济活跃地区的上市公司集体抱团，成为股市上的领涨板块。本地股行情几乎每年都会出现至少一次，这是因为这两个地区的经济非常繁荣，两地股票具有股性活跃、题材丰富、板块联动效应强等特点。它们经常成为股市上涨的主力，而且启动的时间段具有规律。以深圳本地股为例，启动时间大多在每年的1—4月。深圳、上海本地股的股价往往比其他地区同类股票的股价高，而主要原因也是地域经济发展得较好，投资者认为相关股票具有较好的成长性，对其有更高的期待。

二、上市公司产品分析

（一）产品竞争能力优势

1. 含义

产品竞争能力优势是指目标企业的产品符合市场需求程度的高低，具体表现在消费者对产品各种竞争要素的考虑和要求上，如成本、技术工艺和质量等。

2. 成本优势

成本优势是指公司的产品依靠低成本获得高于同行业其他企业利润的能力。成本优势可以通过规模经济、专有技术、优惠的原材料、廉价的劳动力、科学的管理、发达的营销网络等方式来实现。

3. 技术优势

技术优势是指公司拥有比其他竞争对手更强的技术实力及研发新产品的能力。技术优势主要体现在公司的生产技术水平和产品技术含量上，可以通过产品创新和人才创新两种方式来实现。产品创新包括四种方式：一是通过核心技术，开发新产品或提高产品质量；二是通过新工艺降低现有生产成本，开发新的生产方式；三是通过细分市场，实行产品差别化生产；四是通过研究产品要素的新组合，获得原材料或半成品的新来源等。

资本集中程度是企业技术优势中最基本的决定因素。随着成本优势的逐步丧失，中国企业由劳动密集型向生产密集型转移已是大势所趋。

4. 质量优势

质量优势是指公司产品凭借高于其他公司同类产品的质量而赢得市场的优势。质量优势可以通过原材料、生产工艺、管理运输等各个环节的精心安排和保证产品质量等方式来实现。资本集中程度是企业技术优势最基本的决定因素。随着中国企业成本优势的逐步丧失，由劳动密集型的生产密集型转。

5. 品牌优势

消费者购买产品时往往会选择知名度较高的品牌，因为这些品牌在市场上拥有一定的声誉和影响力，产品质量和售后服务更有保障。消费者一旦信任某个品牌，就会形成品牌忠诚度，从而持续购买该品牌的产品，并对其进行口碑传播。这种忠诚度是品牌长期稳定发展的基础。

品牌战略

品牌的主要要素包括品牌定位、品牌形象和品牌价值等。品牌定位是品牌在市场中的独特位置，是品牌的差异化竞争优势。成功的品牌定位可以使企业在市场竞争中脱颖而出，吸引目标客户群体。品牌形象是指消费者对品牌的整体印象和认知，包括产品的外观设计、品质、包装等方面。具有鲜明个性和独特魅力的品牌形象能够吸引消费者的眼球，提升品牌的附加价值和市场竞争力。品牌价值是指品牌在消费者心中的价值和认可度。高价值的品牌不仅可以获得消费者的青睐，还可以在行业中树立领导地位，从而提高知名度和美誉度。

品牌的优势体现在多个方面，是企业长期发展所需要重视和建设的核心要素。通过建立和维护品牌优势，企业可以获得更多市场份额和消费者信任，提升自身的竞争力和市场地位。

（二）产品市场占有率

1. 公司产品销售市场的地域分布情况

从地域分布情况来看，公司产品销售市场包括地区型、全国型和世界范围型三种类型。公司产品销售市场的地域分布情况可以大致估算出一家公司的经营能力。

2. 公司产品在同类产品市场上的占有率

市场占有率是指公司某种产品的销售量占该类产品整个市场销售总量的比例。企业产品的市场占有率是利润之源。市场占有率越高，表示企业的经营能力和竞争力越强，销量和利润水平也越高、越稳定。效益好并能长期存在的企业，其市场占有率必定是稳定并呈增长趋势的。因此，选择该行业的龙头企业，尤其是新兴行业或战略性产业的龙头企业是在中国当前证券市场上进行投资选择的基本方法。

三、公司经营能力分析

（一）公司法人治理结构

1. 含义

狭义的公司法人治理结构包括公司董事会的功能、结构和股东权利等方面的制度安排。广义的公司法人治理结构是指有关企业控制权和剩余索取权分配的一整套法律、文化和制度安排，包括人力资源管理、收益分配和激励机制等。

2. 结构

（1）决策层。决策层主要包括股东大会、董事会和监事会。公司的不断扩张主要有自主开发和兼并重组两种方式，不管是采用何种方式，决策层的超前意识和开拓能力都是非常重要的。

（2）管理层。管理层可区分为高级管理层与部门管理层，管理层的素质与能力是指其组织指挥能力、管理协调能力等。

（3）执行层。执行层的素质与能力主要是指其专业技术能力、负责敬业精神等。

3. 表现

（1）规范的股权结构。降低股权集中度，改变"一股独大"的局面；流通股股东适度集中，发展机构投资者、战略投资者，发挥其在公司治理中的积极作用；提高股权流通程度。

（2）有效的股东大会制度。

（3）董事会权利的合理界定与约束。

（4）完善的独立董事制度。加强董事会的独立性，有利于董事会对经营决策的独立判断。

（5）监事会的独立性和监督责任。加强监事会的地位和作用，增强监事会的独立性和监督的力度，限制大股东提名监事候选人和作为监事会召集人，加大监事会的监督责任。

（6）优秀的职业经理层。优秀的职业经理层是保证公司治理结构规范化、高效化的人才基础，前提条件是上市公司必须建立和形成一套科学化、市场化、制度化的选聘制度和激励制度。

（7）利益相关者的公共治理。利益相关者包括员工、债权人、供应商和客户等。利益相关者公共治理的作用在于可以有效建立公司外部治理机制，弥补公司内部治理机制的不足。

（二）公司经理层的素质

素质是个人品质、性格、学识、能力、体质等方面特征的总和。高管人员应该具备的素质包括从事管理工作的愿望、专业技术能力、良好的道德修养和人际关系协调能力等。公司从业人员的素质和创新能力包括专业技术能力，对企业的忠诚度、责任感，团队合作精神和创新能力等。上市公司高管人员和从业人员的素质是判断公司发展持久力和创新力的关键所在。

任务三　上市公司财务报表分析

一、上市公司主要财务报表

上市公司财务报表主要包括资产负债表、利润表和现金流量表和所有者权益变动表。

（一）资产负债表

资产负债表小知识

资产负债表是反映企业在某一特定日期（通常为各会计期末）财务状况的会计报表，是企业经营活动的静态体现，根据"资产=负债+所有者权益"这一平衡公式，依照一定的分类标准和一定的次序，将某一特定日期的资产、负债、所有者权益的具体项目予以适当的排列编制而成。资产负债表表明企业在某一特定日期所拥有或控制的经济资源、所承担的现有义务和所有者对净资产的要求权。它是一张揭示企业在某一时点财务状况的静态会计报表，其报表功用除了企业内部除错、指点经营方向、防止弊端外，也可让所有阅读者于最短时间内了解企业经营状况。

（二）利润表

利润表是反映企业在一定会计期间经营成果的会计报表。在利润表中，费用应当按照功能分类，分为主营业务成本、营业税金及附加、其他业务成本、销售费用、财务费用和管理费用等。

利润表主要反映以下几方面的内容。

（1）主营业务利润。主营业务收入减去主营业务成本、营业税金及附加，即为主营业务利润。

（2）营业利润。主营业务利润加上其他业务收入、投资收益，减去其他业务成本、销售费用、管理费用、财务费用后，即为营业利润。

（3）利润总额。营业利润加上营业外收入，减去营业外支出，即为利润总额。

（4）净利润。利润总额减去所得税费用，即为净利润。

（三）现金流量表

现金流量表是反映企业一定会计期间现金与现金等价物流入和流出的会计报表，表明企业获得现金和现金等价物的能力。现金流量表分为经营活动、投资活动和筹资活动产生的现金流量三个部分，经营活动产生的现金流量通常可以采用间接法和直接法两种方法反映。在中国，现金流量表也可以按直接法编制，但在现金流量表的补充资料中还要单独按照间接法反映经营活动现金流量。现金流量表的投资活动比通常所指的短期投资和长期投资范围要广。

（四）所有者权益变动表

所有者权益变动表又称股东权益变动表，是反映所有者权益各组成部分当期变动情况的会计报表。该表全面反映了企业的股东权益在年度内的变化情况，便于会计信息使用者深入分析企业股东权益的增减变化情况，进而正确判断企业的资本保值增值情况，并提供对决策有用的信息。所有者权益变动表应当全面反映一定时期内所有者权益变动的情况，包括所有者权益总量的增减变动，所有者权益增减变动的重要结构性信息、直接计入所有者权益的利得和损失。

二、公司财务报表分析的目的与方法

（一）主要目的

财务报表分析的主要目的是向有关各方提供帮助制定决策的信息。由于财务报表使用的主体不同，其分析目的也不同。对于公司的现有投资者及潜在投资者来说，其主要关心的是公司的财务状况、盈利能力，然后通过比较该公司和其他公司的风险和收益来选择投资策略。

（二）分析方法与原则

1. 财务报表分析的方法

财务报表分析方法有比较分析和因素分析两大类。

（1）财务报表的比较分析。财务报表的比较分析是指对两个或多个有关的可比数据进行对比，揭示财务指标的差异和变动关系，是财务报表分析中最基本分析的方法。最常用的比较分析方法有单个年度的财务比率分析、不同时期的财务报表比较分析、与同行业其他公司之间的财务指标比较分析。

（2）财务报表的因素分析。财务报表的因素分析依据分析指标和影响因素的

证券投资实务

关系,从数量上确定各因素对财务指标的影响程度。

2. 财务报表分析的原则

财务报表分析的原则主要包括坚持全面原则和坚持考虑个性原则,此处不展开介绍。

三、公司财务比率分析

公司财务比率分析一般可分为六大类:成长能力分析、营运能力分析、偿债能力分析、盈利能力分析、投资收益分析、现金流量分析等。上市公司财务比率指标无须投资者自己计算,股市分析软件、各大门户网站和财经网站相关上市公司的财务比率指标都有详细的归类。以新浪财经为例,只要在该网页输入上市公司股票代码,就可以查到该公司的财务数据和财务分析等基本情况。财务分析有季报、半年报和年报等数据分析,以及杜邦分析。对于一般投资者,只需收集和读懂相关财务指标即可。因此,本教材不具体举例分析公司的财务比率指标,仅给出主要财务分析指标的计算公式并分析其意义,及在投资分析中需要注意的问题。

(一)偿债能力分析

企业的偿债能力是指企业用其资产到期偿付长期债务与短期债务的能力。企业有无支付现金的能力和偿还债务的能力,是企业能否生存和健康发展的关键。企业偿债能力是反映企业财务状况和经营能力的重要标志。偿债能力是企业偿还到期债务的承受能力或保证程度,包括偿还短期债务的能力和偿还长期债务的能力。

1. 短期偿债能力分析

短期偿债能力是指企业以流动资产偿还流动负债的能力,反映企业偿付日常到期债务的能力。短期偿债能力的衡量指标有流动比率、速动比率和现金比率。

(1)流动比率。其计算式为

$$流动比率 = (流动资产 / 流动负债) \times 100\%$$

该比率越高则说明企业偿还短期负债的能力越强,流动负债得到偿还的保障程度越高。但是,过高的流动比率也并非好现象。因为流动比率越高,表明企业滞留在流动资产上的资金过多，未能有效加以利用，可能会影响企业的获利能力。经验表明，流动比率在2左右比较合适。对流动比率的分析应该结合不同的行业特点和企业流动资产结构等因素，有的行业流动比率较高，有的行业流动比率较低，不应该用统一的标准来评价各企业流动比率合理与否，只有和同行业平均流动比率、本企业历史流动比率进行比较，才能判断流动比率的高低。

（2）速动比率。其计算式为

$$速动比率 = [（流动资产 - 存货）/ 流动负债] \times 100\%$$

通常认为正常的速动比率为1，低于1的速动比率被认为是短期偿债能力偏低。实际上，因为行业不同，速动比率会有很大差别，没有统一的速动比率标准。例如，采用大量现金销售的商店，几乎没有应收账款，大大低于1的速动比率是很正常的。相反，一些应收账款较多的企业，速动比率可能要大于1。

（3）现金比率。其计算式为

$$现金比率 = （现金类资产 / 流动负债）\times 100\%$$
$$= [（货币资金 + 有价证券或短期投资）/ 流动负债] \times 100\%$$
$$= [（速动资产 - 应收账款）/ 流动负债] \times 100\%$$

现金比率是企业直接偿付流动负债的能力，这个比率越高，说明企业偿债能力越强。现金比率过高，就意味着企业流动负债未能合理运用，这会导致企业机会成本的增加。通常现金比率保持在30%左右为宜。

2. 长期偿债能力分析

长期偿债能力是指公司偿付到期长期债务的能力，通常以反映债务与资产、净资产关系的负债比率来衡量。长期偿债能力的衡量指标有资产负债率、产权比率和利息偿付倍数。

（1）资产负债率。其计算式为

$$资产负债率 = （负债总额 / 资产总额）\times 100\%$$

这个指标是衡量企业负债水平及风险程度的重要标志。资产负债率反映企业偿还债务的综合能力，这个比率越高，企业偿还债务的能力越弱；反之，企业偿还债务的能力就越强。

资产负债率并没有确定的标准，不同行业、不同类型企业的资产负债率有较大差异。一般认为，资产负债率的适宜水平为40%~60%。对于经营风险比较高的企业，为降低财务风险，应选择比较低的资产负债率；对于经营风险比较低的企业，为增加股东收益应选择比较高的资产负债率。

（2）产权比率。其计算式为

产权比率 =（负债总额/股东权益）×100%

这个指标反映债权人提供资本与股东提供资本的相对比率关系，企业的基本财务结构是否稳定，以及债权人投入资本受到所有者权益保障的程度。

高产权比率代表高风险、高报酬的财务结构；反之代表低风险、低报酬的财务结构。产权比率与资产负债率都是用于衡量长期偿债能力的，具有相同的经济意义。在使用产权比率时，必须结合有形资产净值债务率指标做进一步分析。

（3）利息偿付倍数（利息保障倍数、已获利息倍数）。其计算式为

利息偿付倍数 =（息税前利润/利息费用）×100%

=［（利润总额+利息费用）/利息费用］×100%

=［（净利润+所得税+利息费用）/利息费用］×100%

利息偿付的倍数越高，表明企业的债务偿还越有保障；利息偿付的倍数越低，表明企业没有足够资金偿还债务利息，企业偿债能力低下。因企业所处的行业不同，利息偿付倍数有不同的标准。一般公认的利息偿付倍数标准为3，倍数为3及以上时，表明企业不能偿付其利息债务的可能性较小。通常来说，倍数为3以上时，企业偿付其利息债务的能力为"良好"，倍数为4.5以上时则为"优秀"。为确定企业偿付利息能力的稳定性，一般应至少计算5年或5年以上的利息保障倍数。保守起见，甚至可选择5年或更长时期中最低的利息保障倍数值作为基本的利息偿付能力指标。

3. 有形资产净值债务率

有形资产净值债务率计算式为

有形资产净值债务率 =［负债总额/（股东权益－无形资产净值）］×100%

该指标用于衡量企业的风险程度和对债务的偿还能力。从长期偿债能力来说，有形资产净值债务率越低越好。有形资产净值债务率越高，表明经营风险越大；该指标越低，表明企业的长期偿债能力越强。

（二）营运能力分析

营运能力是指公司经营管理中利用资金运营的能力，一般通过公司资产管理

比率来衡量，主要表现为资产管理及资产利用的效率。营运能力的衡量指标主要有以下 5 个。

1. 存货周转率和存货周转天数

该指标计算式为

$$存货周转率 = 营业成本 / 平均存货（次）$$

$$存货周转天数 = 360 / 存货周转率（元）$$

$$= （平均存货 \times 360）/ 营业成本（元）$$

在存货平均水平一定的条件下，存货周转率越高越好。存货周转率越高，表明企业销货成本数额增多，产品销售量增长，企业的销售能力加强；反之则表明企业销售能力不强。企业要扩大产品销售量，就必须在原材料购入、生产投入、产品销售和现金收回等方面协调。因此，存货周转率不仅可以反映企业的销售能力，而且能衡量企业生产经营中有关方面运用和管理存货的工作水平。

2. 应收账款周转率和应收账款周转天数

该指标计算式为

$$应收账款周转率 = 营业收入 / 平均应收账款（次）$$

$$应收账款周转天数 = 360 / 应收账款周转率（元）$$

$$= （平均应收账款 \times 360）/ 营业收入（元）$$

在一定时期内，应收账款周转率越高，表明应收账款回收速度越快，企业管理工作的效率越高。这不仅有利于企业及时收回贷款，减少或避免坏账的产生，而且有利于企业提高资产的流动性，提高企业短期债务的偿还能力。

3. 流动资产周转率

该指标计算式为

$$流动资产周转率 = 营业收入 / 平均流动资产（次）$$

在一定时期内，流动资产周转率越高，表明以相同流动资产完成的周转额越多，流动资产利用效果越好。流动资产周转率用周转天数表示时，周转一次所需要的天数越少，表明流动资产在生产和销售阶段占用的时间越少，周转速度越快。生产经营中的任何一个环节得到改善，都会反映到周转天数的缩短上。按天数表示的流动资产周转率能更直接地反映生产经营状况的改善，便于比较不同时期的流动资产周转率，应用得较为普遍。

4. 固定资产周转率

该指标计算式为

$$固定资产周转率 = 收入净额 / 固定资产平均净值$$

固定资产周转率高，表明企业固定资产利用充分，同时也表明企业固定资产投资得当，固定资产结构合理，能够充分发挥效率；反之，如果固定资产周转率不高，则表明固定资产使用效率不高，能提供的生产成果不多，企业的营运能力不强。

5. 总资产周转率

该指标计算式为

$$总资产周转率 = 营业收入 / 平均资产总额（次）$$

这一比率可用来分析企业全部资产的使用效率。总资产周转率较低，说明企业利用全部资产进行经营的效率较差，最终会降低企业的利润。因此，企业应当采取措施提高各项资产的利用效率，从而提高销售收入或处理多余资产。

（三）盈利能力分析

盈利能力就是公司赚取利润的能力。一般来说，公司的盈利能力只涉及正常的营业状况。反映公司盈利能力的指标很多，常用的有以下几种。

1. 销售净利率

该指标计算式为

$$销售净利率 = （净利润 / 销售收入）\times 100\%$$

该指标反映每元销售收入带来的净利润。该指标越高，公司通过扩大销售获取收益的能力就越强。分析销售净利率可以分解为对销售毛利率、销售税金率、销售成本率、销售期间费用率等的分析。

2. 销售毛利率

该指标计算式为

$$销售毛利率 = （销售毛利 / 销售收入）\times 100\%$$

$$销售毛利 = 销售收入 - 销售成本$$

销售毛利率表示每元销售收入扣除销售成本后，可以用于各项期间费用和形成盈利的售额。销售毛利率是企业销售净利率的基础，若没有足够大的销售毛利率便不能形成盈利。企业可以按期分析销售毛利率，以便对企业销售收入、销售成本的发生及配比情况作出判断。

3. 资产净利率

该指标计算式为

$$资产净利率 = (净利润 / 平均资产总额) \times 100\%$$

$$平均资产总额 = (期初资产总额 + 期末资产总额) / 2$$

该指标把企业一定时期内的净利润与企业资产相比较,表明企业资产的综合利用效果。该指标越高,表明资产的利用效率越高,企业在增加收入和节约资金等方面取得了良好的效果;反之则表明资产的利用效率越低。

4. 净资产收益率

该指标计算式为

$$净资产收益率 = (净利润 / 平均净资产) \times 100\%$$

$$平均净资产 = (年初净资产 + 年末净资产) / 2$$

$$全面摊薄净资产收益率 = (净利润 / 期末净资产) \times 100\%$$

净资产收益率反映公司所有者权益的投资报酬率,又称净值报酬率或权益报酬率,具有很强的综合性,是最重要的财务指标。

杜邦分析体系可以将这一指标分解成相联系的多种因子,进一步剖析影响权益报酬率的各个方面,如资产周转率、销售利润率、权益乘数等。另外,在使用该指标时,还应结合应收账款、其他应收款等进行分析。

(四) 成长能力分析

企业成长能力是指企业未来的发展趋势与发展速度,包括企业规模的扩大、利润和所有者权益的增加等。企业成长能力是随着市场环境的变化,企业资产规模、盈利能力、市场占有率持续增长的能力,反映了企业未来的发展前景。企业成长能力的衡量指标包括以下几个。

1. 主营业务收入增长率

该指标计算式为

$$主营业务收入增长率 = [(本期主营业务收入 - 上期主营业务收入) / 上期主营业务收入] \times 100\%$$

通常具有成长性的公司多数都是主营业务突出、经营种类比较单一的公司。因此,利用主营业务收入增长率这一指标可以较好地考查公司的成长性。主营业务收入增长率高，表明该公司产品的市场需求大、业务扩张能力强。如果一家公司能连续几年将主营业务收入增长率保持在30%以上，便可以认为其具备成长性。

2. 主营利润增长率

该指标计算式为

主营利润增长率 =［（本期主营业务利润 – 上期主营业务利润）/ 上期主营业务利润］× 100%

一般来说，主营利润稳定增长且占利润总额的比例呈增长趋势的公司正处在成长期。还有一些公司，尽管年度内利润总额有较大幅度的增加，但主营业务利润却未相应增加，甚至大幅下降，这样的公司质量不高，投资时需要警惕。这类公司可能隐藏着巨大的风险，且可能存在资产管理费用居高不下的问题。

3. 净利润增长率

该指标计算式为

净利润增长率 =（本期净利润 – 上期净利润）/ 上期净利润 × 100%

净利润的增长是成长性公司的基本特征。净利润增长率高，表明公司业绩突出，市场竞争能力强。反之，若净利润增幅小甚至出现负增长，则可以认为该公司不具有成长性。

4. 总资产增长率

该指标计算式为

总资产增长率 =［（本期资产总额 – 上期资产总额）/ 上期资产总额］× 100%

总资产增长率越高，表明企业一定时期内资产经营规模扩张的速度越快。在分析时，需要关注资产规模扩张的质和量，以及企业的后续发展能力，以避免盲目扩张。三年平均资产增长率指标消除了资产短期波动的影响，反映了企业较长时期内的资产增长情况。

每股收益的作用

（五）投资收益分析

1. 每股收益

该指标计算式为

每股收益 =（净利润 – 优先股股利）/ 期末发行在外的年末普通股总数

每股收益是衡量上市公司盈利能力最重要的财务指标，在公司没有优先股的情况下，该指标反映普通股的获利水平。指标值越高，每股股份所获得的利润就越多，股东的投资效益就越好；反之，则股东的投资效益越差。

2. 市盈率

市盈率是（普通股）每股市价与每股收益的比率，又称本益比。该指标计算式为

$$市盈率 = 每股市价 / 每股收益$$

该指标用于衡量上市公司盈利能力，反映投资者每1元净利润所愿意支付的价格。该比率越高，则意味着公司未来成长潜力越大，公众对该股票的评价也越高。但在市场过热、投机气氛浓郁时，该指标常有被扭曲的情况。

使用市盈率时应注意以下问题。

（1）该指标不能用于不同行业公司的比较，成长性好的新兴行业的市盈率普遍较高，而传统行业的市盈率普遍较低，这并不说明后者的股票没有投资价值。

（2）在每股收益很小或亏损时，由于市价不至于降为零，公司的市盈率会很高，如此情形下的高市盈率不能说明任何问题。

（3）市盈率的高低受市价的影响，因此，观察市盈率的长期趋势很重要。

3. 股利支付率

该指标计算式为

$$股利支付率 = （每股股利 / 每股收益）\times 100\%$$

该指标反映公司股利分配政策和支付股利的能力。

4. 股票获利率

该指标计算式为

$$股票获利率 = （普通股每股股利 / 普通股每股市价）\times 100\%$$

股票获利率主要用于非上市公司的少数股权，对于非上市公司的少数股东，目的在于获得稳定的股利收益。

5. 每股净资产

该指标计算式为

$$每股净资产 = 年末净资产 / 发行在外的年末普通股股数$$

这一指标反映每股股票所拥有的资产现值。每股净资产越多，股东拥有的资产现值越多；每股净资产越少，股东拥有的资产现值越少。通常，每股

净资产越多越好。对公司进行财务分析，不能单看净资产收益率高低，需要更细致地研究毛利率、净利润、周转速度、财务杠杆等，从中发现不同公司的差异并研究造成这些差异的原因，然后根据这些原因判断公司未来可能出现的变化。

6. 市净率

该指标计算式为

$$市净率 = 每股市价 / 每股净资产$$

股票的市净率是决定股票市场价格走向的主要依据。通常，市净率越低的股票，其投资价值越高；反之，其投资价值就越低。在判断投资价值时，还要考虑当时的市场环境以及公司经营情况、盈利能力等因素。

市净率可用于投资分析，但不适用于短线操作。每股净资产是股票的本身价值，是用成本计量的，而每股市价是这些资产现在的价格，是证券市场上交易的结果。市价高于价值时，企业资产的质量较好，有发展潜力，反之资产质量较差，没有发展前景。优质股票的市价都超出每股净资产许多，一般来说，市净率达到3，意味着企业资产质量较好。市价低于每股净资产的股票，就像售价低于成本的商品一样，属于"处理品"。当然，"处理品"也不是没有购买价值的，问题在于该公司的经营状况今后是否有转机，或者经过资产重组后能否提高获利能力。

（六）现金流量分析

现金流量分析是在现金流量表出现以后发展起来的。现金流量分析不仅要依靠现金流量表，还要结合资产负债表和利润表。现金流量表的主要作用有提供本企业现金流量的实际情况，帮助评价本期收益质量、企业的财务弹性、企业的流动性，可用于预测企业未来的现金流量。

1. 流动性分析

所谓流动性，是指将资产迅速转变为现金的能力。除借新债还旧债外，企业一般依靠经营活动的现金流入还债。

（1）现金到期债务比。其计算式为

$$现金到期债务比 = 经营活动现金净流量 / 本期到期的债务$$

$$本期到期债务 = 一年内到期的长期负债 + 应付票据$$

(2) 现金流动负债比。其计算式为

$$现金流动负债比 = 年经营活动现金净流量 / 期末流动负债$$

现金流动负债比反映经营活动产生的现金对流动负债的保障程度。

(3) 现金债务总额比。其计算式为

$$现金流动负债比 = 经营活动现金净流量 / 期末负债总额$$

计算结果要与企业过去比较、与同业比较才能确定高与低。现金债务总额比越高,企业承担债务的能力越强。这个比值同时也体现了企业的最大付息能力。

2. 获取现金能力分析

(1) 销售现金比率。其计算式为

$$销售现金比率 = (经营活动现金净流量 / 销售额) \times 100\%$$

销售现金比率反映每 1 元销售额得到的净现金流入量,该值越大越好。

(2) 每股营业现金流量。其计算式为

$$每股营业现金流量 = 经营活动现金净流量 / 普通股股数$$

每股营业现金流量反映每股经营所得到的净现金,其值越大越好。该指标反映企业最大分派现金股利的能力。超过此限度企业就要借款分红。

(3) 全部资产现金回收率。其计算式为

$$全部资产现金回收率 = (经营活动现金净流量 / 期末资产总额) \times 100\%$$

全部资产现金回收率反映企业资产产生现金的能力,该值越大越好。

上述指标的倒数可以表征用经营活动现金回收全部资产需要的期限长短。因此,这个指标体现了企业资产回收的含义。回收期越短,说明资产变现能力越强。

3. 财务弹性分析

(1) 现金满足投资比率。其计算式为

$$现金满足投资比率 = 近 5 年累计经营活动现金净流量 / 同期内的资本支出 + 存贷增加 + 现金股利$$

该指标说明企业经营产生的现金满足资本支出、存货增加和发放现金股利的能力,其值越大越好。现金满足投资比率越大,资金自给率越高。

若该指标达到 1,说明企业可以用经营获取的现金满足企业扩充所需资金;若该指标小于 1,说明企业部分资金要靠外部融资来补充。

（2）现金股利保障倍数。其计算式为

现金股利保障倍数 = 每股营业现金流量 / 每股现金股利

= 经营活动现金净流量 / 现金股利

该指标值越大，说明支付现金股利的能力越强，其值越大越好。分析结果要与同行业水平比较、与企业过去的情况比较才有意义。

（3）营运指数。其计算式为

营运指数 = 经营活动现金净流量 / 经营所得现金

经营所得现金 = 经营活动净收益 + 非付现费用收入 + 非流动资产处置损益 – 支出 – 非流动资产购置损益

营运指数可以分析会计收益和现金净流量的比例关系，评价收益量。

若该指标接近1，说明企业经营获取的现金与其应获现金相当，收益质量高；若该指标小于1，说明企业的收益质量不高。

四、财务分析中应注意的问题

（一）财务报表数据的准确性、真实性与可靠性

财务报表是按会计准则编制的，合乎规范，但不一定反映该公司的客观实际。例如，报表数据未按通货膨胀或物价水平调整；非流动资产的余额是按历史成本减折旧或摊销计算的，不代表现行成本或变现价值；有许多项目，如科研开发支出和广告支出，从理论上看是资本支出，但发生时已列作当期费用；有些数据基本上是估计的，如无形资产摊销和开办费摊销，但这种估计未必正确；发生了非常的或偶然的事项，如财产盘盈或坏账损失，可能歪曲本期的净收益，使之不能反映盈利的正常水平。

（二）财务分析结果的预测性调整

当公司的经济环境和经营条件发生变化后，原有的财务数据与新情况下的财务数据不具有直接可比性。

（三）公司增资行为对财务结构的影响

1. 股票发行增资对财务结构的影响

（1）配股增资对财务结构的影响。配股融资后，由于净资产增加，而负债总额和负债结构都不会发生变化，公司的资产负债率和权益负债比率将降低，这便

降低了债权人承担的风险,而股东所承担的风险则将增加。

(2)增发新股对财务结构的影响。增发新股后,公司净资产增加,负债总额和负债结构都不会发生变化,因此公司的资产负债率和权益负债比率将降低。

2. 债券发行增资对财务结构的影响

发行债券后,公司的负债总额和总资产将增加,资产负债率也将提高。

3. 其他增资行为对财务结构的影响

公司其他的增资方式还有向外借款等。向外借款后,公司的权益负债比率和资产负债率都将提高。

证券投资实务

任务训练

1. 选择一只股票并说出选择理由,然说明选择股票时要关注哪些方面的因素,请以 PPT 的形式完成并展示。

2. 选择两个你看好的行业并说出理由,请以 PPT 的形式完成并展示。

任务评分标准:

序号	考核指标	所占分值	标准	得分
1	完成情况	10	是否在规定时间内完成并上交	
2	内容	60	内容完整充分、有理有据	
3	创新度	30	有自己的思考和观点	
总分				

活页笔记

学习过程:

知识重难点记录:

学习体会及收获:

实践操作总结:

项目六

合理使用证券投资技术分析方法

【价值目标】

◆ 树立理性客观认识技术分析的理念。

◆ 从中国传统文化中理解股票走势的周期性。

◆ 形成自己独立的投资分析方法并坚持到底。

【知识目标】

◆ 掌握主要的技术分析方法：量价分析、K线分析、切线分析、形态分析和指标分析等。

◆ 了解技术分析方法的假设前提和不足之处。

【技能目标】

◆ 能使用常用的技术分析方法进行实际操作。

◆ 能建立以基本面分析为基础、技术分析为辅助的分析方法。

◆ 能借助K线图、形态分析等方法判断股价的转折点和未来走势。

证券投资实务

K线的起源与中国文化

K线又称日本线、阴阳线、蜡烛线、酒井线等，起源于一位名为本间宗久（1724—1803）的日本米商。本间宗久全力研究稻米现货买卖及定期交易的价格信息和走势，并以K线的形式记录下来。

1990年，美国人史蒂夫尼森出版《阴线阳线》一书，向西方金融界介绍日本K线图，立即引起轰动，史蒂夫尼森也因此被西方金融界誉为"K线分析之父"。由于本间宗久出生于日本山形县酒田市，后人也将K线技术分析方法称为酒田战法。

K线与《易经》的渊源很深。K在日本文字中写作"罫"，而K线是"罫线"的读音。日本的"罫"字就是中文的"卦"字。中国传统文化中，卦象用阴爻和阳爻揭示未来信息。"卦"实际上是中国"易象"的一个分支。事实上，卦象是春秋战国时期传入日本的，当时传入日本的汉字读音多为"吴音"（吴国语音），春秋战国时期"卦"字的吴音读作"kei"。

"罫"字的另一种表达方式即"周易"，"周"为周期性之义，全义即周期性变化的学问。

事实上，本间宗久是根据爻象原理发明了K线，把卦象的爻象转换成阴阳K线，即以阴爻、阳爻的属性揭示未来市场走势信息。K线组合有若干种，实际上多是三根K线组合——《周易》三爻组合成卦，用来"占卜"市场的未来走势。

本间宗久还写下另一本名为《风、林、火、山》的典籍，"风、林、火、山"源于《孙子兵法——军争篇》。原文为"其疾如风，其徐如林，侵掠如火，不动如山"，意思是：行动迅速，如风之疾；行列整肃，其严整舒缓如林；攻击时如烈火燎原；防守时如山岳巍然。

案例思考： 请结合以上案例谈一谈中国文化与K线的联系，并浅谈你对K线的认识。

任务一　认识技术分析

一、技术分析的概念

（一）技术分析的含义

技术分析是证券投资分析中较常用的一种分析方法，各种理论和技术指标都经过几十年甚至上百年的实践检验，今天看来这些理论和指标仍然具有指导意义。技术分析经过多年发展已形成了波浪分析、形态分析、K线分析、指标分析和切线分析等5类主要方法。

技术分析的理论基础是空中楼阁理论。空中楼阁理论是英国经济学家凯恩斯提出的，他认为股票市场价格完全是由投资者构造出来的空中楼阁，它完全抛开股票的内在价值，强调心理因素对股市的决定性作用。也就是说，投资者之所以要以一定的价格购买某种股票，是因为他相信有人将以更高的价格向他购买这种股票。股价的高低并不重要，关键是存在更大的冒险者以更高的价格向你购买。精明的投资者无须计算股票的内在价值，他只需要抢在别人之前成交，即在股价达到最高点之前买进股票，在股价达到最高点卖出股票。人们更关心的是如何预测股票价格的未来趋势，以及买卖股票的适当时机。多年来，人们不断对股价走势进行研究，产生了多种方法。现在大多数人采用技术分析法或基本分析法预测股市的走势。

技术分析实际上属于数据分析和数据推演过程，它根据已经发生的交易记录，利用技术工具和技术分析理论，推算股价变动趋势和规律，以帮助投资者做出决策。技术分析直接从股票市场的交易记录入手，以股票价格的动态变化和规律为分析对象，采用图形、图标及指标等技术分析工具，结合股票交易数量和投资心理等市场因素，以及价、量、时间之间的关系进行分析，以帮助投资者判断行情并选择投资机会和方式，从而获得股票交易的收益。

其特征表现为：①运用历史资料进行分析，主要采用的数据是成交价和成交量。它认为这些数据昭示了市场未来变化的某个方面；②大量采用统计指标和图形方法。历史资料毕竟是零乱的，并带有一定的随机成分，通过一定方法对历史资料进行加工，可使其中揭示未来的成分更加显著；③许多技术分析方法包含着对人们心理活动的定量分析。

技术分析是基于二次加工数据的分析，加工的次数越多，风险和预测难度就越大。在实际操作中，所有的技术分析都需要用基本面对投资产品的市场环境作一个大概的判定，然后用最原始、最真实的交易数据去归纳、加工和提炼，从而形成技术分析指标。因此，市面上存在的绝大部分技术分析指标必然是适合当时市场环境和资金流动规律的产物。

（二）技术分析与基本分析的区别和联系

技术分析和基本分析的主要区别如下。

（1）技术分析是对股票价格变动趋势的分析，其目的是预测股价变动的方向和幅度；基本分析是对股票价值的分析，其目的是判断股票价格相对于价值的高低。

（2）技术分析根据历史资料分析股票价格的未来变化，有人曾讥讽技术分析是看着后视镜往前开车。基本分析通常根据预期股息和贴现率判断股票的价值。

（3）技术分析侧重于短期分析和个股分析；基本分析着重于长期分析和大势分析。

技术分析和基本分析都认为，股价由股票市场供求关系所决定。基本分析主要是根据对影响供需关系种种因素的分析来预测股价走势，而技术分析则是根据股价本身的变化来预测股价走势。

二、技术分析的假设条件

技术分析的方法之所以能预测未来市场行为，主要依赖于以下三个基本假设。

（1）市场行为包容一切信息。这一假定的基本思想是证券价格的每一个影响因素都完全、充分地反映在证券价格之中，这一点是技术分析方法成立的基础。外在的、内在的、基础的、政策的和心理的因素，以及其他影响股票价格的所有因素，都已经在股票的市场行为中得到了反映，技术分析人员只需关心这些因素对股票市场行为的影响效果，而不必过多关心影响股票价格的具体因素本身。

（2）价格变动是有趋势的。这是进行技术分析最根本、最核心的因素。这一假定的基本思想是：如果一段时间内股票价格一直持续上涨或下跌，那么今后一段时间内，股票价格也会按这一方向继续上涨或下跌，除非出现让股价调头的内部或外部因素。因此，技术分析人员总是试图找出股票价格变动的规律并以此指导今后的股票交易。

（3）历史会重演。这一假设的含义是：投资者过去的经验是他制定投资策略的参考。这是从人的心理因素方面考虑的，在股票市场中进行具体买卖的是人，人决定最终的操作行为，而行为受人类心理学中某些规律的制约。在股票市场中，一个人在某种情况下按一种方法操作取得成功，那么以后遇到相同或相似的情况，就会按同一方法进行操作；如果前一次失败了，后面这一次就不会按前一次的方法操作。股票市场的某个市场行为给投资者留下的阴影或快乐会长期存在。在进行技术分析时，一旦遇到与过去某一时期相同或相似的情况，应该与过去的结果比较。过去的结果是已知的，而这个已知的结果可以作为预测未来走势时的参考。这一假定是技术分析方法合乎科学性的条件。

三、技术分析的要素

在证券市场中，成交价、成交量、时间和空间是进行技术分析的要素。了解这几个因素的具体情况和相互关系是进行正确分析的基础。

1. 成交价和成交量的关系

成交价和成交量是市场行为最基本的表现。过去和现在的成交价、成交量涵盖了过去和现在的市场行为。某一时点上的成交价和成交量反映的是买卖双方在这一时点上共同发生的市场行为，是双方的暂时均势点。随着时间的变化，均势会不断发生变化，这就是价量关系的变化。价、量是技术分析的基本要素，一切技术分析方法都以价量关系为研究对象，用图形和指标分析工具来分析、预测未来价格趋势，为投资决策提供服务。

成交量与价格趋势有以下关系。

（1）成交价、成交量关系正常。股价随着成交量的递增而上涨，股价随着成交量的递减而下降，为市场行情的正常上升或下降特性。

（2）成交价、成交量关系背离。股价屡创新高，而成交量却没有连续放量，是外盘力量减弱的特征，同时也是股价趋势潜在的反转下跌信号；股价屡创新低，而成交量却连续放量，是外盘力量增强的特征，同时也是股价趋势潜在的反转上升信号。

2. 时间要素的影响

从时间要素来看，股票走势存在一定的周期性，在进行行情判断时，时间有着非常重要的借鉴意义，因为股市历史会重演，但又不是简单的重复。

3. 空间要素的影响

空间要素强调股价波动的合理区域。因为大众易受心理因素影响，股价一旦超过投资者心理承受的合理空间区域，就有可能向相反的方向发展。

四、技术分析的应用

正确认识技术分析

技术分析法注重短期分析，在预测旧趋势结束和新趋势开始方面优于基本分析法，但在预测较长期趋势方面不如基本分析法。大多数成功的股票投资者都是把两种分析方法结合起来，用基本分析法估计较长期趋势，用技术分析法判断短期走势和确定买卖的时机。

技术分析法的基本观点是，所有股票的实际供需量及其背后起引导作用的种种因素，包括股票市场上每个人对未来的希望、担心、恐惧等，都集中反映在股票的价格和交易量上。技术分析以价格为基础，而价格由市场供求关系决定。把过去及现在的价格以图表记录下来，通过价格起伏反映供求双方力量的变化，从而推断出市场未来某段时间内哪方力量占优势。如果需求力量比较强，价格便上升；相反，如果供应力量较强，价格便回落。

股票技术分析真的没用？

案例

王牛牛大学毕业后顺利入职一家私募基金公司从事证券投资分析工作，近两个月以来，他一直在跟踪一只股票的走势，试图找到最适合的买入点。经过几天的观察，他发现该股票K线图上出现明显的"希望之星"形态，各项技术指标都显示出极佳的买入信号，便兴奋地向公司汇报情况并建议买入。可是，当公司不断买入后，该股票的走势却突然掉头向下，几个月来持续走低。王牛牛陷入了深深的怀疑，难道技术分析失灵了吗？

案例思考：怎样看待案例中技术分析失灵的情况？你对证券投资技术分析有什么新的观点？

任务二　合理使用 K 线理论

一、K 线的制作

一条 K 线记录的是某支股票一天的价格变动情况。将每天的 K 线按时间顺序排列在一起，就形成了反映这支股票每天价格变动情况的 K 线图，这就叫日 K 线图，将每周、每月的 K 线按时间顺序排列起来，就是周、月 K 线图。K 线图因其直观、立体感强的特点深受投资者欢迎。实践证明，研究分析 K 线图可以比较准确地预测后市走向，以及判断多空双方的力量对比，为投资决策提供重要参考。

价格的变动主要体现在 4 个价格上，即开盘价、最高价、最低价和收盘价。其中，收盘价最为重要。

K 线是一条柱状的线条，由影线和实体组成。实体上方的部分称为上影线，下方的部分称为下影线。实体分阴线和阳线两种，又称黑线和红线。如果开盘价高于收盘价，则实体为阴线或黑线；如果收盘价高于开盘价，则实体为阳线或红线。图 6-1 是两种常见 K 线的形态。

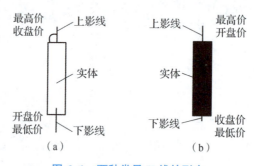

图 6-1　两种常见 K 线的形态

（a）阳线；（b）阴线

将 4 个价格在坐标纸上一一标出，然后按图 6-1 的方式即可画出一天的 K 线，将每个交易日的 K 线连接在一起，就构成反映股票价格历史情况的 K 线图。

项目六 | 合理使用证券投资技术分析方法

技术分析通过市场行为推测市场的未来趋势，它依据的是证券市场行为，因此，准确、有效地记录和描述市场的全部行为就显得非常重要。其中，技术分析中的重要方法——K线理论就是以研究K线的形态与组合为基础的方法。

二、K线的含义

除了图6-1的K线形态外，根据4个价格的不同取值，还会产生其他形态的K线，概括起来有下列6种。

1. 光头阳线和光头阴线

这是没有上影线但有下影线的K线，当收盘价或开盘价正好与最高价相等时，就会出现这种K线。如图6-2（a）所示，光头阳线表示股价先跌后涨，股价在低位获得买方支撑，卖方受阻。此形态常出现在市场底部区域或市场调整结束时。如图6-2（b）所示，光头阴线为下跌抵抗型，表示股价先涨后跌，表示空方力量强大，但在下跌途中又受到买方的抵抗。此形态常出现在下跌中途或市场顶部附近。

2. 光脚阳线和光脚阴线

这是没有下影线但有上影线的K线，当收盘价或开盘价正好与最低价相等时，就会出现这种K线。如图6-3（a）所示，光脚阳线为上升受阻型，表示多方在上攻途中遇到阻力。此形态常出现在上涨途中、上涨末期或股价从底部启动后遇到成交密集区时。上影线越长，表示上档压力越大，阳线实体越长，表示多方力量越强。如图6-3（b）所示，光脚阴线表示股价先涨后跌，阴线实体越长，表示空方势力越强。此形态常出现在阶段性的头部、庄家拉高出货或震仓洗盘时。

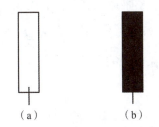

图6-2 光头阳线和光头阴线

（a）光头阳线；（b）光头阴线

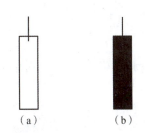

图6-3 光脚阳线和光脚阴线

（a）光脚阳线；（b）光脚阴线

3. 光头光脚大阳线和大阴线

这种 K 线既没有上影线也没有下影线，当开盘价和收盘价分别与最高价和最低价相等时，就会出现这种 K 线。如图 6-4（a）所示，光头光脚大阳线是指开盘价为最低价，收盘价为最高价的 K 线，表示多方势头强大，空方毫无抵抗。此形态经常出现

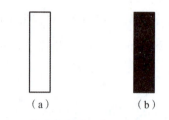

图 6-4 光头光脚大阳线和光头光脚大阴线

（a）光头光脚大阳线；（b）光头光脚大阴线

在股价脱离底部的初期、回调结束后的再次上升及高位的拉升阶段，有时也在严重超跌后的强劲反弹中出现。如图 6-4（b）所示，光头光脚大阴线是指开盘价为最高价，收盘价为最低价的 K 线，表示卖方占绝对优势，多方毫无抵抗。此形态经常出现在头部形成后跌势的初期、反弹结束或最后的打压过程中。

4. 十字星

当收盘价与开盘价相同时，就会出现这种 K 线，它的特点是没有实体，如图 6-5 所示。十字星处于交易区间的中间，表示多空双方斗争激烈，马上可以分出胜负。此形态经常出现在市场的底部或顶部，是市场将要出现转折点的典型形态。

5. T 字形和倒 T 字形

在十字星的基础上，如果再加上秃头和光脚的条件，就会出现这两种 K 线。它们没有实体，而且没有上影线或下影线，形状像 T 或倒 T。T 字形 K 线又称蜻蜓线，如图 6-6（a）所示，其开盘价和收盘价均为全日最高价，下影线表示下方有一定的支撑。该形态经常出现在市场的底部，有时也出现在市场的顶部，是市场的转折信号。倒 T 字形 K 线又称墓碑线，如图 6-6（b）所示。其开盘价与收盘价均为全日最低价，上影线表示上方有一定的压力。如果上影线很长，则有强烈的下跌含义。此形态常出现在市场的顶部，偶尔也会出现在市场的底部。

图 6-5 十字星　　图 6-6 T 字形和倒 T 字形

（a）T 字形；（b）倒 T 字形

6. 一字形

开盘价、收盘价、最低价、最高价都相同时，就会出现一字形，一般出现在开盘后直接达到涨停板或跌停板时，表示多方或空方绝对占优，涨跌停板全天未被打开。

在K线图中，阳线实体的长短代表多方力量的强弱，阴线实体的长短代表空方力量的强弱，上影线表示上方抛压，影线的长短代表抛压的大小，下影线表示下方接盘，影线的长短代表承接力量的大小。K线图是反映股价变动情况的图形，其目的是反映多空双方的力量对比，为做多或做空提供依据。

多头：投资者对于当前的股票市场持乐观的态度，可以看到股票上涨的空间与可能性，因此能够提前布局，拉升后卖出获利。

空头：目前股价过高，投资者不看好未来股票市场，预计价格下跌，卖比买多，造成股价的下跌。

三、K线组合的含义

在K线组合中，两根K线的组合情况非常多，只要掌握了几种特定的组合形态，就能举一反三，得知其他组合的含义。

无论是两根K线还是多根K线，都是以各根K线相对位置的高低和阴阳来推测行情的。先将前两天的K线画出，然后用数字将它们划分成5个区域，如图6-7所示。前两天的K线是判断行情的基础，第三天的K线是判断行情的关键。简单地说，第三天多空双方争斗的区域越高，越有利于上涨；越低，越有利于下降，也就是从区域1到区域5是多方力量减少、空方力量增加的过程。

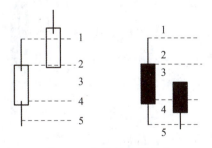

图6-7 多空的力量对比

以下是几种具有代表性的K线组合情况，由它们的名称可以得知K线组合的含义。

（1）连续两阳和连续两阴。这是多空双方的一方已经取得决定性胜利，牢牢地掌握了主动权，今后将以取胜的一方为主要运动方向。图6-8（b）是空方获胜，图6-8（a）是多方获胜。第二根K线实体越长，超出前一根K线越多，则取胜一方的优势就越大。

（2）曙光初现和乌云盖顶。如图6-9（a）所示，曙光初现的第一根K线为阴线，第二根K线为跳低开盘，但收盘价切入第一根K线的实体部分，它表示空方的打压遭遇多方的顽强抵抗，若在股价运行的底部出现，则是见底回升的强烈信号。乌云盖顶情况正好相反，如图6-9（b）所示。

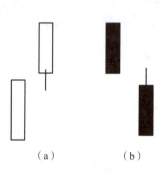

图6-8 连续两阳和连续两阴

（a）连续两阳；（b）连续两阴

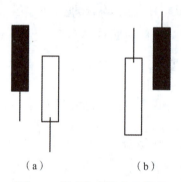

图6-9 曙光初现和乌云盖顶

（a）曙光初现；（b）乌云盖顶

（3）阴包阳和阳包阴。如图6-10（a）所示，阴包阳第一根阳线的实体较长，但第二根阴线的实体更长，第二根阴线把第一根阳线完全覆盖，阴包阳表示多方的进攻在空方的反击下土崩瓦解，后市看跌。阳包阴情况完全相反，如图6-10（b）所示。

（4）早晨之星和黄昏之星。如图6-11（a）所示，早晨之星是一根实体较长的阴线之后紧接着一根跳低开盘的小阳线，第三天又出现一根阳线，且收盘价切入第一根阴线上半部分的K线。这种组合若出现在股价运行的底位，则是见底反转的信号。黄昏之星的情况则完全相反，如图6-11（b）所示。

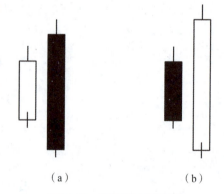

图6-10 阴包阳和阳包阴

（a）阴包阳；（b）阳包阴

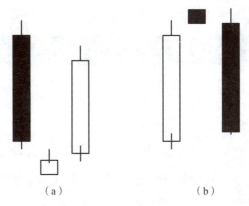

图 6-11 早晨之星和黄昏之星

(a) 早晨之星；(b) 黄昏之星

K 线图如何分析

练习：请问图 6-12 中的 K 线图包括哪些 K 线形态和 K 线组合形态？

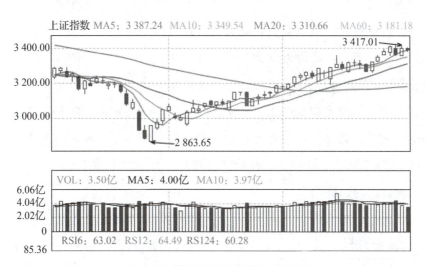

图 6-12 某阶段上证指数日 K 线图

任务三 掌握切线理论

一、切线理论

金融市场中有一个顺应潮流的问题，即"顺势而为，不逆势而动"，这一道理已成了投资者的共识，切线理论就是在这一背景下提出和发展起来的。切线理论诞生于20世纪70年代左右，由约翰·墨菲、威尔斯·王德和乔治·恩等人提出的。切线理论和形态理论共同继承了道氏理论的三个基本假设，即市场行为包含一切信息，市场价格以趋势的方式进行演变，历史必然会重演。切线理论的内容主要包括趋势分析、支撑线和压力线、趋势线和轨道线、黄金分割线和百分比线等内容。

二、趋势分析

趋势就是股票价格的波动方向。一般来说，市场价格变动不是朝一个方向变化的，中间肯定有曲折，从图形上看就是一条蜿蜒的曲线，每个转折点处形成一个峰或谷，根据这些峰或谷的相对高度可以看出趋势的方向。

趋势有上升方向、下降方向和水平方向。如果图形中后面的峰和谷都高于前面的峰和谷，则趋势就是上升方向；如果图形中后面的峰和谷都低于前面的峰和谷，则趋势就是下降方向；如果图形中后面的峰和谷与前面的峰和谷相比，没有明显的高低之分，几乎呈水平延伸，这时的趋势就是水平方向。水平方向趋势是被大多数人忽视的一种趋势，这种趋势在市场上出现的机会相当多。图6-13所示的是三种方向的趋势图。

按道氏理论，趋势分为三种类型：①主要趋势，主要趋势是股价波动的大方向，一般持续的时间比较长；②次要趋势，次要趋势是在主要趋势中进行的调整；③短暂趋势，短暂趋势是在次要趋势中进行的调整。这三种类型趋势的区别是时间的长短和波动幅度的大小。

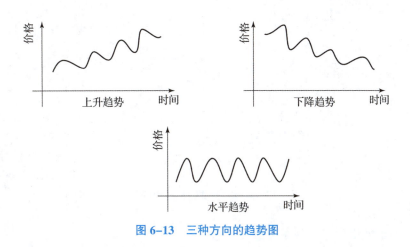

图 6-13 三种方向的趋势图

三、支撑线与压力线

（一）支撑线与压力线的含义和作用

如果趋势已经确认（如大牛市来临）那么投资者自然打算入市，这时就需要考虑入市时机。投资者总是希望在涨势回落的最低点买入，那这个回落的低点在哪里呢？支撑线和压力线会给我们一定的帮助。

支撑线又称抵抗线，是指当股价下跌到某个价位时，会出现买方增加、卖方减少的状况，从而使股价停止下跌，甚至有可能回升。支撑线的作用就是阻止股价的进一步下跌，而阻止股价下跌的价格就是支撑线所在的位置。

压力线又称阻力线，是指当股价上涨到某个价位时，会出现卖方增加、买方减少的状况，从而使股价停止上涨，甚至出现回落。压力线的作用就是阻止股价继续上升，而阻止股价上升的价格就是压力线所在的位置。

支撑线和压力线的作用是阻止或暂时阻止股价朝同一个方向继续运动。股价的变动是有趋势的，要维持这种趋势，保持原来的运动方向，就必须冲破阻止继续前进的障碍。也就是说，只有突破支撑线和压力线的阻碍，股价才能沿着原来的趋势继续走下去。

支撑线和压力线如图 6-14 所示。

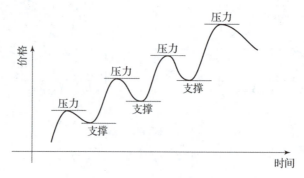

图 6-14 支撑线和压力线

（二）支撑线与压力线的确认

每条支撑线和压力线的确认都是人为进行的，主要是根据股价变动所画出的图表。一般来说，支撑线或压力线的重要性由三个方面决定，一是股价在这个区域停留时间的长短；二是股价在这个区域成交量的大小；三是这个支撑区域或压力区域形成的时间距离当前时期的远近。

由于股价的变动，有时会发现原来确认的支撑线或压力线可能不真正具有支撑或施压的作用。这时就需要考虑调整支撑线和压力线，即对支撑线和压力线的修正。

（三）支撑线与压力线的突破及相互转变

股价的变化是有趋势的，分为上升趋势和下降趋势。

在上升趋势中，如果股价未创新高，即未突破压力线，这个上升趋势就已处在很关键的位置了，如果此后股价又向下突破了这个上升趋势的支撑线，这就是趋势有变的强烈信号。通常这意味着这一轮上升趋势已经结束，下一步股价将下跌。同样地，如果股价在下降趋势中未创新低，即未突破支撑线，那这个下降趋势就处于很关键的位置，如果此后股价向上突破了这个下降趋势的压力线，这就是下降趋势将要结束的强烈信号，下一步股价将上升。

支撑线和压力线也可能相互转变，如图 6-15 所示。如果一个支撑线被跌破，那么这个支撑线将成为压力线；同理，一个压力线被突破，这个压力线将成为支撑线。支撑线和压力线相互转化的重要依据是被突破，可以利用三个原则判断它们是否被突破：①幅度原则；②时间原则；③收盘价原则。

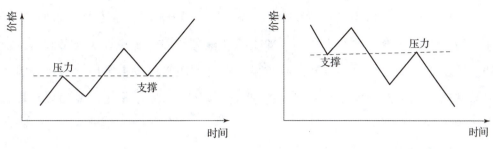

图 6-15 支撑线和压力线相互转换

支撑线与压力线的相互转换可以从心理与成本两方面进行解释。

心理方面：当股价突破压力线开始上行时，由于在压力线卖出者寻求回补，买入者寻求增持，旁观者介入，导致原来的压力线转化为支撑线；支撑线也同样如此，只不过结论正好相反。

成本方面：压力线的突破通常伴随着比较大的成交量，导致这个位置的交易成本集中，不易跌破；对于支撑线也同样如此。

四、趋势线与轨道线

（一）趋势线

趋势线是衡量价格趋势的，由趋势线的方向可以明确看出股价的运行趋势。在上升趋势中，将两个低点连成一条直线，就得到上升趋势线；在下降趋势中，将两个高点连成一条直线，就得到下降趋势线，如图 6-16 所示。

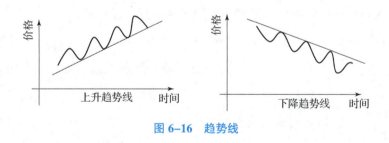

图 6-16 趋势线

上升趋势线是支撑线的一种，下降趋势线是压力线的一种。

要得到一条真正起作用的趋势线，首先，必须确实有趋势存在；其次，在画出直线后，还应通过第三个点的验证才能确认这条趋势线是有效的。另外，这条直线延续的时间越长，越具有有效性。

怎样利用这条趋势线对股价进行预测呢？一般来说，趋势线有两种作用：①对股价今后的变动起约束作用，即支撑和施压作用；②趋势线被突破后，说明股价的下一步走势将要反转，越重要、越有效的趋势线被突破，其转势的信号越强烈，即原来是支撑线的现在将起压力作用，而原来是压力线的现在将起支撑作用。

（二）轨道线

轨道线（图6-17）又称通道线或管道线。在获得趋势线后，通过第一个峰和谷可作出这条趋势线的平行线，这条平行线就是轨道线，如图6-17中的虚线。两条平行线组成的一个轨道，就是常说的上升轨道和下降轨道。轨道的一个作用是限制股价的变动范围，轨道一旦得到确认，股价将在这个通道里变动。轨道线的另一个作用是提供趋势转向的信号，股价在某次波动中未触及轨道线，甚至离得很远就开始掉头，往往是趋势将要改变的信号。

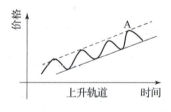
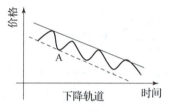

图6-17 轨道线

与突破趋势线不同，突破轨道线并不是趋势反转的开始，而是趋势加速的开始，即原来趋势线的斜率将会增加，变得更加陡峭。

切线理论是技术分析之首

怎样确认轨道线呢？如果图6-17中的股价在A位置受到压力或支撑而掉头，并一直保持在趋势线上，那么这条轨道线就可以被确认。轨道线被触及的次数越多，延续的时间越长，股价变动趋势被确认的程度就越高。

请确认图6-18中个股的上升轨道和下降轨道。

项目六 | 合理使用证券投资技术分析方法

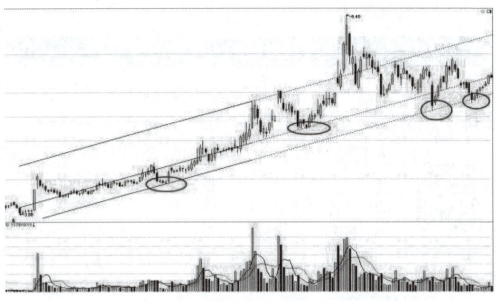

图 6-18　上升通道和下轨支撑日 K 线图

请挑选一只股票，试运用切线理论分析其支撑线、压力线、趋势线和轨道线等。

任务四　使用形态理论分析走势

形态理论，简单理解就是通过对市场价格变化形成的形态、图形进行分析，来判断未来价格的变化趋势，进而指导投资活动。形态分为两种类型：持续整理形态和反转突破形态。持续整理形态是指价格保持在某个区间运行，或者朝着既有的趋势发展；而反转突破形态则是指股价打破现有趋势或改变现有趋势，如由下跌趋势变成上涨趋势。形态理论在股市里的应用十分广泛，下面介绍一些市场中经常出现的价格形态。

形态理论导入理解

一、反转突破形态

反转突破形态对于判断趋势非常重要，可以规避大部分趋势下不好的标的，降低投资风险。常见的反转突破形态有双重顶和双重底、三重顶和三重底、头肩顶和头肩底、V形反转。三重顶和三重底与双重顶底类似，此处不具体介绍。

（一）双重底和双重顶

双重底形似英文字母W，所以又称W底，如图6-19所示。出现该形态时，主要看股价从b底上涨突破颈线位置是否放量，如果持续放量，基本可以确认它是有效底，后续有可能直线拉升，也有可能回踩颈线位置后再往上冲。一般双重底回撤颈线位置后的上涨空间是底部到颈线的垂直距离。

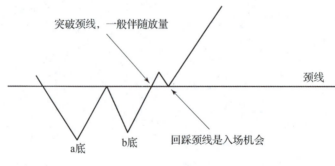

图6-19　双重底

双重顶形似英文字母 M，所以又称 M 头，与双重底恰好相反，如图 6-20 所示。双重顶共有两个顶和一个底，也就是两个相同高度的高点和一个低点。

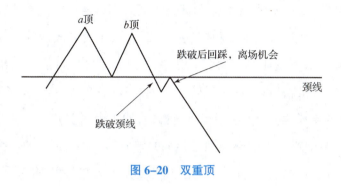

图 6-20　双重顶

下面以 M 头为例说明双重顶底形成的过程。

M 头形成以后，有两种可能的情形：一是股价未跌破颈线的支撑位置，股价在 a 顶、b 顶和颈线形成的范围内上下波动，这是一个潜在的双重顶反转突破形态；二是股价跌破颈线的支撑位置继续向下，这种是双重顶反转突破形态。颈线在这里起支撑作用。

双重顶形态应重点掌握以下要点：①两个顶点高度应大致相同，以不超过 3% 为限；②形态形成时间可长可短，少则一个交易日，多则数年，且时间越长，对后市的影响越大；③突破颈线是形态成立的标志，突破颈线就是突破轨道线；④突破颈线后，从突破点算起，股价将至少要跌到与形态高度相等的距离，形态高度就是从两顶点到颈线的垂直距离。

（二）头肩顶和头肩底

头肩顶和头肩底是实际股价中出现最多的形态，也是最著名和最可靠的反转突破形态。头肩顶底形态形成的时间较长，少则三五个月，多则数年之久。头肩顶如图 6-21 所示。

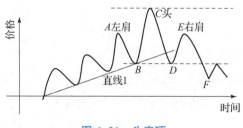

图 6-21　头肩顶

这种形态一共出现三个高点和两个低点，中间的高点比另外两个都高，称为头；左右两个相对较低的高点称为肩。

在上升趋势中，各个局部高点和低点不断升高，然后在某一个位置，趋势的上涨势头将放慢。如图 6-21 所示，从 A 点到 B 点还没有放慢的迹象，但从 C 点到 D 点已经有了势头受阻的信号，这表明本轮上涨趋势可能已经出现问题。最后，股价从 E 点走到 F 点，这时反转向下的趋势已势不可挡。图 6-21 中的直线 1 是一条明显的支撑线。从 C 点到 D 点突破直线 1 表明上升趋势的势头已经遇到了阻力，而从 E 点到 F 点的突破则是趋势的转向。另外，E 点的反弹高度没有超过 C 点，且 F 点的回落已经低于 D 点，这些都是上升趋势出现问题的信号。

图 6-21 中的直线 2 是头肩顶形态中极为重要的颈线，起支撑作用。头肩顶形态走到了 E 点并调头向下，只能表明原有的上升趋势已经转化成横向延伸，还不能表明已经反转向下。只有当图形走到了 F 点，即股价向下突破了颈线，才表明头肩底的反转形态已经形成。

颈线突破后，股价运动的方向是下跌，下跌的深度从突破点算起，股价将至少跌到与形态高度相等的距离，即头到颈线的距离，也就是头肩顶形态的高度。

对于头肩底而言，其形态的形成和分析与头肩顶形态类似，只是方向相反，如图 6-22 所示。

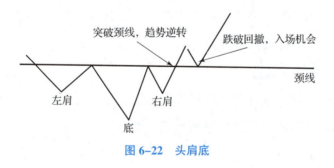

图 6-22　头肩底

形态理论与 K 线理论有哪些区别和联系？

（三）V 形反转

V 形反转一般先持续一段时间下跌，且下跌幅度较大，然后开始急跌，最后突然出现急涨。V 形反转一般有两种情况，一种是直接拉到前高形成大 V，反转形态非常清晰；另一种是拉起小 V，然后出现盘整，最后蓄力开始上涨，这种反转情况可持续性更强，如图 6-23 所示。

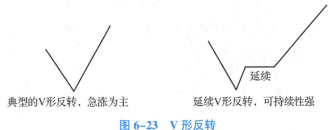

图 6-23 V 形反转

二、持续整理形态

持续整理形态是指市场价格急升或急跌之后，价格出现横向伸展所形成的各种形态。该形态仅仅是当前趋势的暂时休整，之后的市场运动将与原来的趋势方向一致。持续整理形态通常时间较短，一般是短期或中期的形态。常见的持续整理形态有三角形形态、矩形形态、旗形和楔形形态、缺口形态等。

（一）三角形形态

1. 对称三角形

对称三角形大多发生在一个大趋势中，它表示原有的趋势暂时处于休整阶段，随后沿着原有趋势继续运行。

图 6-24 是对称三角形的一个简化图形，原有趋势是上升，因此三角形形态完成后是突破向上。对称三角形有两条聚拢的直线，上面的向下倾斜，起施压作用；下面的向上倾斜，起支撑作用。两条直线的交点称为顶点。

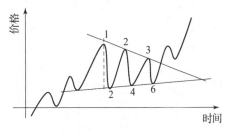

图 6-24 对称三角形

根据多年的经验，突破的位置一般应在三角形横向宽度 1/2 到 3/4 的位置。三角形的横向宽度指的是图中顶点到虚线的距离。如果股价不在预定的位置突破三角形，那么这个对称三角形态可能转化成别的形态。突破的确认可以采用百分比原则、时间原则或收盘价原则。

对称三角形被突破后，有两种测算目标价位的方法。

方法一：如图 6-25 所示，从 C 点向上的带箭头直线的高度是未来股价至少要达到的高度，箭头直线长度与 AB 连线长度相等；AB 连线的长度称为对称三角形形态的高度，从突破点算起，股价至少要运行到与形态高度相等的距离。

方法二：如图 6-25 所示，过 A 点作平行于下边直线的平行线，其中的斜虚线是未来股价至少要达到的位置。

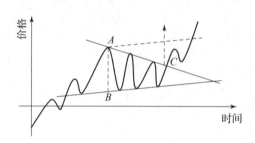

图 6-25　对称三角形的突破

2. 上升／下降三角形

上升三角形是对称三角形的变形。对称三角形有上下两条直线，将上面的直线由向下倾斜方向变成水平方向就得到上升三角形，如图 6-26 所示。上升三角形显示了多空双方在某一价格范围内的反复较量，但多方稍占上风。这一走势达到可能是一些有实力的大户刻意在某一价位上多次打压价格，制造假象，让散户由于失去耐心而抛售手中的股票，以达到大量收集筹码的目的。上升三角形属于持续整理形态，但往往带有向上突破的可能，是一种具有"向好暗示"的走势形态。

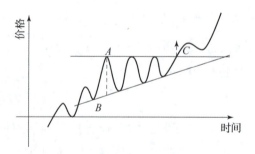

图 6-26　上升三角形

在对称三角形中，压力和支撑都是逐步加强的。一方是越压越低；另一方是越撑越高，看不出谁强谁弱。在上升三角形中，压力是水平的，没有变化，而支撑却是越来越高。由此可见，上升三角形比对称三角形具有更强烈的上升欲望，多方比空方更为积极，通常以三角形向上突破作为这个持续过程终止的标志。

下降三角形与上升三角形正好反向，是看跌的形态，如图6-27所示。它与上升三角形完全类似，只是方向相反。该形态表明卖方比买方更为积极主动，卖方不断沽售，而买方则支撑着某一价格防线。下降三角形的成交量一直十分低迷，向下突破也不必有大成交量配合。

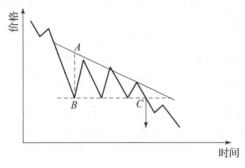

图6-27 下降三角形

（二）矩形形态

矩形又称箱形，也是一种典型的持续整理形态，股票价格在两条水平直线之间上下波动并横向延伸。

在矩形形成之初，多空双方全力投入，各不相让。空方在价格涨到某个价位时抛压，多方在价格下跌到某个价位时买入，时间一长就形成两条明显的上下界线。随着时间的推移，双方的战斗会逐步减弱，成交量减少，市场趋于平淡。

如果原来是上升趋势，那么经过一段矩形整理后会继续原来的趋势，多方会主动出击，使价格向上，突破矩形的上界；如果原来是下降趋势，则空方会采取行动，使价格向下，突破矩形的下界，如图6-28所示。

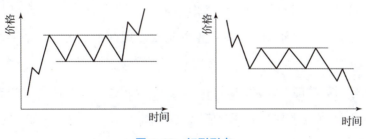

图6-28 矩形形态

从图 6-28 中可以看出，矩形形态在形成的过程中很有可能演变成三重顶（底）形态。正是由于矩形形态可能出现误判，在面对矩形和三重顶（底）形态时，几乎都要等到突破之后才能采取行动，因为这两个形态后面的走势方向完全相反：一个是持续整理形态，要维持原来的趋势；一个是反转突破形态，要改变原来的趋势。

矩形的突破也有一个确认的问题。当价格向上突破时，必须有大成交量的配合方可确认，而向下突破则不必有成交量增加；当矩形突破后，其涨跌幅度通常等于矩形本身宽度，这是矩阵形态的测算功能。面对突破后价格的反扑，矩形的上下界线同样具有阻止反扑的作用。与其他大部分形态不同，矩形形态提供了一些短线操作的机会。如果在矩形形成早期能够预计到价格将进行矩形调整，那么就可以在矩形的下界线附近买入，在上界线附近抛出，来回进行短线操作。如果矩形的上下界线相距较远，那么这种短线操作的收益也是相当可观的。

（三）旗形和楔形形态

旗形和楔形是两个著名的持续整理形态。在股价的 K 线图上，这两种形态出现的频率很高，一段上升或下跌行情中间都可能出现多次这样的图形。

它们都是一个趋势的中途休整过程，休整之后还要保持原来的趋势方向。这两个形态的特殊之处在于，它们都有明确的形态方向，如向上或向下，并且形态方向与原有的趋势方向相反。例如，如果原有的趋势方向是上升，则这两种形态的方向就是下降。

1. 旗形形态

旗形大多发生在市场极度活跃、价格运动近乎直线上升或下降的情况下。在市场急速大幅的波动中，价格经过一连串短期波动后，形成一个稍微与原来趋势相反的倾斜长方形，这就是旗形走势，它的形状就如同一面挂在旗杆顶上的旗帜。旗形又可分为上升旗形和下降旗形两种，如图 6-29 所示。旗形的上下两条平行线起着压力和支撑作用，这有些像轨道线。这两条平行线的某一条被突破是旗形完成的标志。

旗形也有测算功能。旗形的形态高度是平行四边形左右两条边的长度。旗形被突破后，价格将至少要走到形态高度的距离，大多数情况是走到旗杆高度的距离。

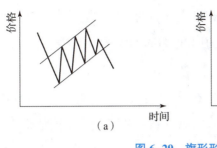 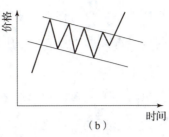

图 6-29 旗形形态

（a）上升旗形；（b）下降旗形

应用旗形时，有几点要注意：①旗形出现之前，一般应有一个旗杆，这是由价格的直线运动形成的；②旗形持续的时间不能太长，否则保持原来趋势的能力将下降，经验告诉我们，持续时间应该短于 3 周；③旗形形成之前和被突破之后，成交量都很大，在旗形的形成过程中，成交量从左向右逐渐减少。

2. 楔形形态

楔形形态是指股价在两条收敛直线之间变动所形成的形态。它与三角形形态的不同之处在于两条边线同时上倾或同时下倾。如果将旗形中上倾或下倾的平行四边形变成三角形，就会得到楔形，楔形分为上升楔形和下降楔形两种情形，如图 6-30 所示。

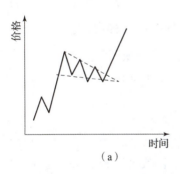 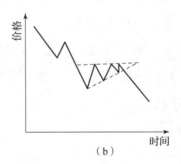

图 6-30 楔形整理

（a）下降楔形；（b）上升楔形

上升楔形是指价格经过一次下跌后产生强烈的技术性反弹，价格升至一定水平后又掉头下落，但回落点比前次高，之后又上升至新高点，再回落，在总体上形成一浪高于一浪的势头。如果把短期高点相连，则形成一向上倾斜直线，且两者均呈收敛之势。下降楔形则正好相反，价格的高点和低点形成一浪低于一浪之势。

同旗形一样，楔形也有保持原有趋势方向的功能。上升楔形表示一个技术性反弹渐次减弱的情况，常在跌市中的回升阶段出现，显示价格尚未见底，只是一次技术性反弹。下降楔形常出现于中长期升市的回落调整阶段。

楔形的三角形上下两条边都是朝着同一方向倾斜，具有明显的倾向，这是该形态与前面三角形形态的不同之处。与旗形和三角形稍微不同的地方是，楔形偶尔也出现在顶部或底部而作为反转突破形态。这种情况一定是发生在一个趋势经过了很长时间、接近于尾声的时候。在楔形形成过程中，成交量渐次减少；在楔形形成之前和突破之后，成交量一般都很大。与旗形的另一个不同是，楔形形成所花费的时间较长，一般需要2周以上。

（四）缺口形态

缺口，又称跳空，是指价格在快速大幅波动中没有留下任何交易的一段真空区域。从这个意义上说，缺口也属于形态的一种。缺口的出现往往伴随着向某个方向运动的强劲动力。

缺口的宽度表明这种运动的强弱。一般来说，缺口越宽，运动的动力越大；反之则越小。不论向何种方向运动而形成的缺口，都将成为日后较强的支撑或阻力区域。不过，这种支撑或阻力效能依不同形态的缺口而定。

缺口分析是技术分析的重要手段之一。有关的技术分析著作常将缺口划分为普通缺口、突破缺口、持续性缺口和消耗性缺口4种形态。由于缺口具有不同形态，而每种形态各具特点，因此可以根据不同的缺口形态预测行情走势的变化方向和力度。缺口分析已成为当今技术分析中极其重要的技术分析工具。

1. 普通缺口

普通缺口经常出现在价格整理形态中，特别是矩形或对称三角形等整理形态中。由于价格仍处于盘整阶段，因此，在形态内的缺口并不影响价格短期内的走势。

普通缺口具有比较明显的特征：一般会在3日内回补，且成交量很小。如果不具备这些特点，就应考虑该缺口是否属于普通缺口形态。普通缺口的支撑或压力效能一般较弱。

普通缺口短期必补的特征给投资者短线操作带来了机会，即当向上方向的普通缺口出现之后，在缺口上方的相对高点抛出证券，待普通缺口封闭之后买回证券；而当向下方向的普通缺口出现之后，在缺口下方的相对低点买入证券，待普通缺口封闭之后再卖出证券。这种操作方法的前提是必须正确判断缺口是否为普通缺口，且证券价格的涨跌是否达到一定幅度。

2. 突破缺口

突破缺口是证券价格向某一方向急速运动，跳出原有形态所形成的缺口。突破缺口蕴含着较强的动能，常常表现为激烈的价格运动，具有极大的分析意义，一般预示行情走势将要发生重大变化。

突破缺口的形成在很大程度上取决于成交量的变化情况，特别是向上的突破缺口。若突破时成交量明显增大，且缺口未被封闭（至少未完全封闭），则这种突破形成的缺口是真突破缺口。若突破时成交量未明显增大，或成交量虽大，但缺口短期内很快就被封闭，则这缺口很可能是假突破缺口。

一般来说，突破缺口形态确认以后，无论价位（指数）的升跌情况如何，投资者都必须立即作出买入或卖出的指令，即向上突破缺口被确认时立即买入，向下突破缺口被确认时立即卖出，因为突破缺口一旦形成，行情走势必将向突破方向纵深发展。

3. 持续性缺口

持续性缺口是在证券价格向某一方向有效突破之后，由于急速运动而在途中出现的缺口，它是一个趋势的持续信号。在缺口产生的时候，交易量可能不会增加，增加的话则通常表明一个强烈的趋势。

持续性缺口的市场含义非常明显，它表明证券价格的变动将沿着既定的方向发展变化，并且这种变动距离大致等于突破缺口至持续性缺口之间的距离，即缺口的测量功能。持续性缺口一般不会在短期内被封闭，因此，投资者可在向上运动的持续性缺口附近买入证券或者在向下运动的持续性缺口附近卖出证券，而不必担心是否会套牢或者踏空。

缺口理论如图 6-31 所示。

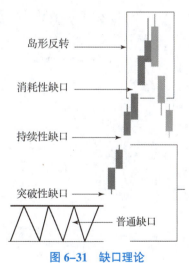

图 6-31　缺口理论

三、应用形态理论应该注意的问题

形态分析是较早得到应用的方法,相对比较成熟。尽管如此,也有正确使用的问题。一方面,站在不同的角度,对同一形态可能产生不同的解释。例如,头肩形是反转突破形态,但有时从更大的范围去观察,则有可能成为中途持续形态。另一方面,在实际操作中,形态理论要求形态完全明朗才能行动,从某种意义上说,有错过机会的可能。此外,同其他技术方法一样,不能把形态理论当成万能的工具,更不应将其作为金科玉律,形态分析得出的结论仅是一种参考。

图 6-32 所示是深圳证券交易所上市公司 CAQC 某阶段的日 K 线图,试运用形态理论分析该股票出现了哪些形态。

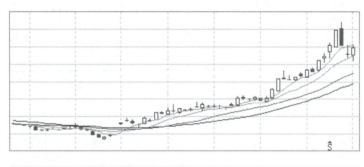
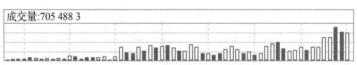

图 6-32　CAQC 某阶段的日 K 线图

任务五　应用道氏理论、波浪理论与量价关系理论

一、道氏理论

道氏理论起初来源于新闻记者、首位华尔街日报的记者和道琼斯公司的共同创立者查尔斯·亨利·道（1851—1902）的社论。在其去世后，由威廉·P.汉密尔顿、查尔斯·丽尔和 E.乔治·希弗总结而成。查尔斯·亨利·道本身从未使用过"道氏理论"这个词。

道氏理论认为，股票会随市场的趋势同向变化以反映市场趋势和状况。股票的变化表现为三种趋势：主要趋势、中期趋势及短期趋势，如图 6-33 所示。趋势是指价格未来的上涨和下跌方向相对比较固定，且存在一定的规律性。

道氏理论理解

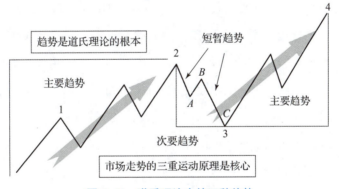

图 6-33　道氏理论中的三种趋势

1. 主要趋势

持续 1 年或 1 年以上的趋势，大部分股票将随大市上升或下跌，幅度一般超过 20%。

2. 中期趋势

与主要趋势完全相反的方向，通常持续 3 周至 3 个月，幅度为基本趋势的 1/3 ~ 2/3。

3. 短期趋势

只反映股票价格的短期变化，持续时间通常不超过 6 天。

牛市的特征是成交量不断提高，股票的活跃度也在提高。

熊市的特征包括股票价格持续下跌、市场交易活动减少、投资者情绪低落、经济增长放缓、企业利润下降等。在熊市中，投资者通常会遭遇资产贬值和投资损失，因此，需要谨慎选择投资标的和投资时机。

二、波浪理论

波浪理论是美国证券分析家拉尔夫·艾略特（R. Elliott）利用道琼斯工业平均指数（Dow Jones industrial average，DJIA）作为研究工具而创建的一种理论。

根据这一发现，他提出了一套相关的市场分析理论，精炼出市场的 13 种形态或波浪，在市场上这些形态重复出现，但是出现的时间间隔及幅度大小并不一定具有再现性。此后，他又发现这些呈结构性形态的图形可以连接起来形成同样形态的更大图形。于是他提出了一系列权威性的演绎法则来解释市场行为，并特别强调波动原理的预测价值，这就是久负盛名的艾略特波浪理论。艾略特波浪理论（Elliott wave theory）是股票技术分析的一种理论，它认为市场走势不断重复一种模式，每个周期由 5 个上升浪和 3 个下跌浪组成。艾略特波浪理论将不同规模的趋势分成九大类，最长的超大循环波是横跨 200 年的超大型周期，而次微波则只覆盖数小时之内的走势。但无论趋势的规模如何，每个周期由 8 个波浪构成这一点是不变的。

波浪理论结构图如图 6-34 所示。

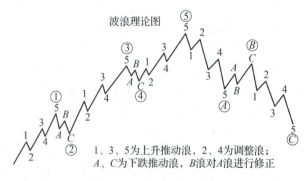

图 6-34 波浪理论结构图

(一)波浪理论基本规律:8浪循环

(1)股价指数的上升和下跌交替进行,一个完整的循环包括8个波浪,5上3落。

(2)推动浪和调整浪是股价波动两个最基本形态。推动浪,即与大市走向一致的波浪,可以再分割成5个小浪,一般用第一浪、第二浪、第三浪、第四浪、第五浪来表示;调整浪,即与大市走向相反的波浪,可以划分成3个小浪,通常用A浪、B浪、C浪来表示。

(3)第三浪永远不可以是第一浪至第五浪中最短的一个浪。通常,第三个浪是最具爆发力的,通常是最长的浪。

(4)第四浪的浪底不可以低于第一浪的浪顶。

(5)时间的长短不会改变波浪的形态,因为市场仍会依照其基本的形态发展。波浪的运行时间可以拉长,也可以缩短,但其根本的形态则永恒不变。

(6)艾略特波段理论主要反映大众心理,越多人参与市场,准确性越高。

(二)各个波浪线的特性

在分析波浪形态时,有时会遇到较难分辨的走势,可能发现几种数浪方式同时成立。在这种情况下,了解各个波浪的特性,有助于做出正确的判断。现将各个波浪的特性简述如下。

(1)第一浪:大约半数的第一浪属于构造底部形态的一部分,其后出现的第二浪调整幅度往往较大;其余一半第一浪则在大型调整形态之后出现,这类第一浪升幅较为可观。

(2)第二浪:有时调整幅度相当大,令市场人士误以为熊市尚未完结;成交量逐渐缩小,波幅较小,反映抛售压力逐渐衰竭;出现传统图表中的转向形态,如头肩底、双底等。

(3)第三浪:通常属于最爆发力的波浪,运行时间最长、幅度最大的一个波浪;大部分时间是推动浪;成交量大增;出现传统图表中的突破信号,如缺口跳升等。

(4)第四浪:经常以较为复杂的形态出现,以三角形调整形态运行的情况较常见;浪底不会低于第一浪的顶。

(5)第五浪:升幅一般较第三浪小,在期货市场则情况相反,第五浪成为推动浪的机会较大；市场乐观情绪达到最高。

（6）A浪：大多数投资者认为趋势仍未逆转，只视为一个短暂的调整，平势调整形态的A浪之后，B浪将会以向上的之字形形态出现；如果A浪以之字形形态运行，则B浪多数属于平势调整浪。

（7）B浪：升势较为情绪化，出现传统图表的牛市陷阱，投资者误以为上一个上升浪尚未完结，成交量少。

（8）C浪：破坏力较强，与第三浪的特性甚为相似，全面性下跌。

三、量价关系理论

市场行为最基本的表现就是成交价和成交量。技术分析就是利用过去和现在的成交量、成交价资料，以图形分析和指标分析工具来解释、预测未来的市场走势。如果把时间因素考虑进去，可将技术分析简单归结为对时间、价、量三者关系的分析，而某一时点上的价和量反映的是买卖双方在这一时点上的市场行为，是双方的暂时均衡点。随着时间的变化，均衡点会不断发生变化，这就是价量关系的变化。

一般来说，买卖双方对价格的认同程度通过成交量的大小表征，认同程度大，成交量大；认同程度小，成交量小。这种市场行为反映在价、量上往往呈现出这样一种规律：价升量增，价跌量减。

价、量是技术分析的基本要素，一切技术分析方法都是以价、量关系为研究对象的。

技术分析方法认为，价格的涨、跌和平是股价变动的方向，成交量是对价格变动方向的认同，也可以认为是价格变动的力量。股价变动与成交量之间的关系可以总结为以下6种情况。

（1）股价上升，成交量增加。这种情况称为价升量增，表明股价上涨得到成交量的认同，后市具有进一步上涨的潜力。

（2）股价上升，成交量减少。这种情况称为空涨，表明股价上涨没有得到成交量的认可，股价上升的动力不足，后市看跌。

（3）股价下跌，成交量增加。这种情况称为价跌量增，表明股价下跌得到成交量的认同，后市具有进一步下跌的动力。

（4）股价下跌，成交量减少。这种情况称为空跌。表明股价下跌没有得到成交量的认可，股价下跌的动力不足，后市看涨。

（5）股价持平，成交量增加。这种情况应具体分析，股价经历一段下跌后，放出了一定的成交量，而股价持平，表明逢低吸纳的投资者增多，股价有反弹或反转的可能，这种情况称为底部放量，后市应看涨；股价经历一段上涨后，放出了一定的成交量，而股价持平，表明逢高减磅的投资者增多，股价有回调或反转的可能，这种情况称为顶部放量，后市应看跌。

（6）股价持平，成交量较小。这种情况称为无量盘整，表明多空双方力量处于均衡状态，双方均在等待机会寻找突破方向，后市走向不明，涨跌依靠新的因素来打破平衡。

关于价量分析，技术分析方法还认为：①成交量的大小是相对的，主要是相对于近期而言，没有绝对大小；②成交量的变动在价格变动之前，即量在价先；③技术分析方法常用成交金额来代替成交量，这两者并没有太大的区别，但市场热点过分集中在高价股或低价股上时应适当调整；④成交价一般采用收盘价。

四、量价关系的实际分析

（1）股价创新高，量却没能突破前高。在一个波段的上涨中，价格随着递增的成交量和换手率而上涨，创下新高，但是量能却没有突破前高，说明行情可能已经接近尾声。这种量价背离，是多头离场信号。

量价关系的深度理解

（2）股价创新高，量能未放大。这种情况与第一种类似，区别在于这种是主力在前期耗费了大量时间建仓，获得了大量的廉价持仓，因此在后续行情中，因筹码在手中，故无须以很多量能推动股价创新高。对于第一种，多数出现短而快的行情中，一个小波段高峰。

（3）价格随成交量减少而回升，发生量价背离。这种情况一般在中途反弹，发生量价背离和无量上涨，这说明股价还没有下跌到位，仍有下跌空间，投资者应当引起重视。

（4）高价区的成交量放得很大。这种需要和量价齐升区分，高位区高成交量在没有新高或者创新高受阻后容易出现，此时主力在高位派发筹码，已经准备离场。应当结合顶部形态特征加以确认。

　　量价关系其实有很多种实际情况，在此无法一一列举，但是结合之前的 K 线形态一起分析，往往会取得事倍功半的效果。这样，投资者在判断行情时就会有清晰的逻辑，而不会盲目跟风。

任务六 分析涨跌停板制度下的量价关系

众所周知,中国 A 股实行的是 T+1 的涨跌停板交易制度。在这种制度之下,多空双方难以充分博弈,往往出现一些特殊现象。

涨跌停板制度下有以下两方面不足:首先,多空双方博弈不充分,容易出现单边市;其次,极易引起助涨助跌。很多股民对 2016 年年初的熔断制度应该记忆犹新,短短一周熔断两次,最终该制度被废除收场。

在过去,量价齐升才是最好的多头趋势。如果价格稳步抬升时,多头量不能呈现上升势头,那么上涨趋势可能难以持久。可是在涨跌停板制度下,连续一字板涨停似乎更值得大家青睐,而连续涨停板之后放量,后续更多的却是大跌。

因此,在涨跌板制度下,量价分析有以下几个基本结论。

(1)涨停量小,价格继续上涨可能性大;跌停量小,价格继续下跌可能性大。

(2)涨停中途打开次数较多,时间越长,成交量越大,则行情反转可能性较大;同理,跌停中途被打开次数越多,时间越长,成交量越大,则行情反转可能性较大。

(3)涨停封板时间越早且持续到收盘,次日上涨可能性越大;跌停封板时间越早且持续到收盘,次日下跌可能性越大。

(4)封住涨停板或者跌停板的数量越大,说明继续当前走势的概率越大,后续的涨跌幅也越大,但也要注意庄家的一些反向操作。

任务训练

1. 请挑选三只股票，使用切线理论和形态理论在行情软件上分别画出它们的走势并进行分析，成果以PPT的形式汇报。

2. 请挑选三只股票，使用道氏理论、波浪理论与量价关系理论在行情软件上分别画出它们的走势并进行分析，成果以PPT的形式汇报。

任务评分标准：

序号	考核指标	所占分值	标准	得分
1	完成情况	10	是否在规定时间内完成并上交	
2	内容	60	内容完整充分、有理有据	
3	创新度	30	有自己的思考和观点	
总分				

活页笔记

学习过程：

知识重难点记录：

学习体会及收获：

实践操作总结：

项目七
合理使用证券投资的策略方法

【价值目标】

◆ 遵纪守法,不做代客理财、内幕交易、操纵市场等违法行为。

◆ 树立理性投资、长期投资的投资理念,杜绝赌博式投资,不借钱投资。

◆ 正确认识证券投资,把证券投资作为一种投资理财的方式,科学构建家庭和个人投资理财方式。

【知识目标】

◆ 掌握制定证券投资计划、构建证券投资组合、选择证券投资策略等理性投资方法。

◆ 理解不同的证券投资方法并分析各种投资方法的优缺点。

【技能目标】

◆ 能制定自己的投资计划。

◆ 能结合自身情况和中国资本市场实际情况选择合理的投资策略。

巴菲特的三大投资技巧

技巧一：押大赌注于高概率事件上

在生活中我们都会明白这样的一个常识：当一件事情成功的可能性很大时，你投入得越多，得到的回报越丰厚。巴菲特"押大赌注于高概率事件上"，意思是说，当你坚信遇到成功可能性远远大于失败可能性的大好机会时，唯一正确的做法就是大举对此投资。相信好的企业家也具备这样的素质，就是看准了方向之后集中自己的力量取得突破，而不是按照常人的思维分散自己的资源以求稳妥。做人要有"知之而后行"的勇气，投资同样要有知之而后行的胆量。

巴菲特说理想的投资组合不应超过10只股，因为每只个股的投资回报率都在10%。

集中投资并不是找出10只好股然后将股本平摊在上面这么简单。尽管在集中投资中，所有股都是高概率事件股，但总有些股的概率不可避免地高于其他股，这就需要按比例分配投资股本。玩扑克赌博的人都知道：当牌局形势对我们绝对有利时，下大赌注。

在许多权威人士的眼里，投资家和赌徒并没有多大的区别，也许是因为他们都从数学中获取知识。与概率论并行的另一个数学理论是凯利优选模式，它也为集中投资提供了理论依据。凯利模式是一个公式，它使用概率原理计算出最佳选择。

巴菲特指出，机遇对于投资人而言是极为重要的，但是机遇也许迟迟不来，一旦来了也稍纵即逝。因此，作为投资人必须紧紧抓住机遇。巴菲特是一位洞悉股市海潮起潮落的哲学家，他能成为世界级大富豪的秘诀就是善于把握时机。

技巧二：投资最优秀的明星企业

巴菲特对投资对象都要经过长期的观察和跟踪，并且要在适当的时机才会进行大量的投资，而投资的先决条件是企业具有相当优良的品质。他平时大部分的工作是考察和检验潜在投资对象的情况。他的主要投资组合中包括可口可乐、华盛顿邮报、吉列等企业，可以看出，这些企业具有很多相通之处。巴菲特在1999年给《财富》杂志所著文章中坦白出自己选股的关键所在："对于投资者来说，关键不是确定某个产业对社会的影响力有多大，或者这个产业将会增长多少，而是要确定任何一家选定企业的竞争优势，而且更重要的是确定这种优势的持续性。那些所提供的产品或服务具有强大竞争优势的企业能为投资者带来满意的回报。"

要投资那些始终把股东利益放在首位的企业。巴菲特总是青睐那些经营稳健、讲究诚信、高回报的企业，以最大限度地避免股价波动，确保投资的保值和增值。而对于总想利用配股、增发等途径榨取投资者血汗的企业，他一概拒之门外。投资明星企业不可能今天投资，明天就能获得利润，应该看远一点，多年之后，你再回头看看当初，才知道原来钱是那么轻易赚来的。

技巧三：长期持有的投资决策

"长期"这个词在投资界里很容易被人提起，可是很少有人能够真正做到。在投资界，巴菲特以长期投资而闻名，没有人比巴菲特更喜欢长期持有自己喜欢的企业股票。"我最喜欢持有一只股票的时间是：永远"，"我们喜欢购买企业的股票，我们不喜欢出售，我们希望与企业终生相伴"。这正是巴菲特与众不同的地方，也是巴菲特获得成功的秘诀之一。

"考虑到我们庞大的资金规模，我和查理还没有聪明到通过频繁买进卖出来取得非凡投资业绩的程度。我们也并不认为其他人能够像蜜蜂一样，从一朵小花飞到另一朵小花来取得长期的投资成功。

"我们长期持有的行为表明了我们的观点：股票市场是一个重新配置资源的中心，资金通过这个中心从频繁交易的投资者流向耐心持有的长期投资者。"但巴菲特并不是将所有买入的股票都长期持有，事实上他认为只有极少的股票值得长期持有。

巴菲特曾经买入过数十只股票，其中大部分持有期限长达数年，也有一些股票持有时间较短，但只有可口可乐、CELCO、华盛顿邮报、吉列等少数几只股票自买入后一直持有长达10年甚至20多年。只有很少一部分企业能够使巴菲特非常确信值得长期投资，而一旦他能够以合理的价格买入杰出经理人管理的优秀企业的股票时，他通常会永久持有。

案例思考： 请问巴菲特的主要投资方法有哪些？你赞同在中国使用这种投资方法吗？

任务一　选择证券投资策略

证券投资是一项非常复杂的活动,投资者都想寻求一种正确的方法来确定何时低价买进、高价卖出,以取得投资的回报。但事实上,证券投资是一种概率的游戏,具有不确定性,这就需要投资者通过良好的投资策略和投资方法来降低不确定性给证券投资带来的风险。因此,证券投资需要策略和方法作为指导,制定合适的证券投资计划,并结合市场实际进行调整。

由于自身情况各不相同,投资者要根据自身的经济状况、性格、投资目的,以及对风险的承担能力等因素,选择适合自己的投资策略,制定切合实际的投资计划。投资策略是指基于特定的投资理念或模式、围绕一定的投资目标而采取的投资谋略、方案、技巧与措施的综合,或者一种有计划的投资实施模式。一个完整的投资策略需要解决三个方面的问题:投资品种的选择、资金的配置和买卖时机的选择。按照市场能否被战胜,投资策略分为积极型投资策略和消极型投资策略,如图7-1所示。

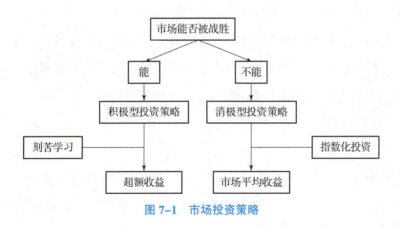

图7-1　市场投资策略

一、消极型投资策略

消极型投资策略的理论基础在于效率市场假说,即认为人不可能准确预测投资市场的未来运动轨迹,因此,在长期投资中不能获得超过其风险承担水平之上的超额收益。消极型投资战略否定了"时机抉择"技术的有效性,而根据投资对象的某一基本特征选择自己的操作策略。随着市场的发展，尤其是投资理论的发展和市场研究方法的进步，消极型投资策略除了在机构投资者中应用，也在广大个人投资者中应用。

消极型投资策略可以分为两类：一是简单型消极投资策略，简单型消极投资策略一般是确定了适当的股票投资组合后，在3~5年的持有期内不再发生积极的股票买入或卖出行为，而进出场时机也不是投资者关注的重点；二是指数型消极投资策略，指数型消极投资策略的核心思想是相信市场是有效的，任何积极的股票投资策略都不能取得超过市场的投资收益。下面重点介绍个人投资者常用的指数基金定投的投资策略。

"基金定投"业务是国际上通行的一种类似于银行零存整取的基金理财方式，是一种以相同的时间间隔和相同的金额申购某种基金产品的理财方法。

基金定投最大的好处是可以平摊投资成本，因为定投方式是不论市场行情如何波动，都会定期买入固定金额的基金，当基金净值走高时，买进的份额较少；而在基金净值走低时，买进的份额较多，即自动形成了逢高减筹、逢低加码的投资方式。

定投首选指数型基金，因为它较少受到人为因素干扰，只是被动地跟踪指数，在中国经济长期增长的前提下，长期定投必然获得较好收益。而主动型基金则受基金经理影响较大，中国主动型基金业绩在持续性方面并不理想，往往前一年的冠军在第二年就会表现不佳，更换基金经理也可能引起业绩波动。因此，如果选择长期持有的话，选择指数型基金较好，若有反弹行情，指数型基金应是首选。

国外经验表明，从长期来看，指数型基金的表现强于大多数主动型基金，是长期投资的首选品种之一。据美国市场统计，1978年以来被动型指数基金平均业绩表现超过7成以上的主动型基金。

拓展知识

所谓三分法，是指投资基金管理人将基金资产分散投资于股票、债券和银行存款。通常，三分法的投资策略不考虑基金可能投资的其他金融工具，如期货、期权等。三分法的实质是将基金的投资对象按收益和风险高低分类，一般而言，股票、债券和银行存款的收益依次降低，而风险也依次降低。事实上，不论基金设定什么样的投资目标，三分法是对于所有基金都适用的一种投资策略，但三分法最大的缺憾在于方法本身不能确定基金资产在不同资产中的比例，因此，基金管理人需要根据自身的经验和市场环境的变化确定三者之间的比例关系。

二、积极型投资策略

在构建积极型投资策略时，投资者通常可采取两种策略：收入型策略和增长型策略。

（一）收入型策略

证券投资是一个比较复杂的过程，是一场有输有赢的竞争。它不仅需要投资者有承担风险的胆略、充沛的精力、丰富的知识经验和稳定的心态，还需要投资者针对复杂多变的具体情况制定相应的股票投资策略，并采取灵活多样的投资技巧，适时适度地把握股票买卖的对象和时机，以获取投资资金的最大增值。证券投资的目的就是获取收益，但收益是与风险并存的。

收入型策略强调本期收入的最大化，而不太重视资本利得和增长。收入型策略的投资对象大多是债券、优先股和支付股利较多的普通股。对于处于较高所得税等级的投资者来说，政府债券等免税债券也是理想的投资对象。如果收入水平较低，必须依靠利息或股息收入生活，那么应选择收入型策略。当然，如果已经拥有了大量财产，但也需要有稳定收入来源，也可以采取收入型策略。

1. 收入型证券的选择

收入型策略的投资者大多依靠投资收入来满足日常开支，强调本期收入的稳定性和规律性，因此，可选择信用等级较高的公司债券、市政债券、国家公债、优先股等。收入型策略的投资者还强调本期收入的最大化，为此投资者可以购买红利较高而且较为安全的普通股。收入型策略的投资者可以把符合要求的股票和债券融合，共同组成收入型策略的投资组合。其中，普通股和其他证券的比例主要取决于股票市场的前景以及政治、经济、文化、气候等因素。

收入型策略的投资者通常倾向于选择上市较久、经营较为成熟的公司，这些公司一般都具有一定的规模，且不再具有较高水平的成长能力。因为他们不再有快速扩张的可能，因此不用将留存收益进行再投资，而是通常倾向于将收益作为股息支付给股东。股利发放在某些行业更普遍一些,如公共事业型的公司,过去已经有相当不错的股利支付历史,未来这个趋势仍将继续。

2. 收入型投资组合

在构建收入型投资组合时,投资者面临着各种投资风险,投资者的目标是利用各种证券的风险可在一定程度上互相抵消的特点,通过构建适当的投资组合,使整个投资风险降到最小。例如,投资者可以通过购买不同期限的债券来降低利率风险和市场风险;通过购买一些高质量的收入型债券来降低经营风险和违约风险;通过购买一些浮动利率债券或普通股来降低购买力风险;通过购买大公司债券或政府债券来降低流动性风险。

(二)增长型策略

增长型策略强调投资资金的增长,为此投资者宁愿牺牲近期的本期收入。增长型策略的投资对象是现金红利较低但有升值潜力的普通股。增长型投资策略是指对增长型股票的投资策略。增长型股票是收益增长超过平均水平的股票,这种股票之所以有吸引力,是因为其超常的收益增长不仅能支持股息的增长,还能使股票的持有者赢得很强的资本升值潜力。自1930年以来,增长型策略已逐渐发展成为最流行的投资策略之一。

1. 增长型股票的选择

合理价格的增长型策略进入市场的时机较早,它既考虑收益的增长,也考虑价格的高低。它希望在发现股票收益有增长潜力时,其价格还没有发生大幅上升,即市场还没有对其收益增长潜力作出足够的反映。它通常采用PE/G(PE为价格收益乘数,即市盈率;G为收益增长率;PE/G即市盈率与增长率的比率)作为判断进入标准。PE/G较低的股票是比较理想的投资对象;PE/G较高则表明虽有好的增长,但价格已经充分反映了增长潜力,价格的上升空间已经不大了。

增长型股票的选择标准如下。

(1)盈利增长:寻找具有高速盈利增长潜力的公司,这可以通过查看过去几年的盈利增长率、未来几年的盈利增长预测和行业增长前景等指标进行评估。

(2)行业领先地位:选择那些在其所属行业中处于领先地位或有创新能力的公司,这些公司通常能够从市场增长和竞争优势中获得更高的增长潜力。

(3)技术创新:关注那些在技术创新方面具有出色表现的公司,这些公司可能会推出具有颠覆性影响的产品或服务，从而带来较高的增长。

选择增长型股票的注意事项如下。

（1）盈利可持续性：选择增长型股票时，要仔细评估公司的盈利模式、市场前景以及竞争环境，确保所选增长型股票具备可持续的盈利能力，而不仅是短期爆发式增长。

（2）行业前景：考虑所选增长型股票所处的行业和市场趋势，选择位于增长前沿、未来有望获得较高收益的行业，以提高增长型股票投资的潜在回报。

2. 增长型投资组合的构建

增长型投资组合的构建首先需要确定各类资产（如股票、债券、现金等）的配置比例。投资者应根据自身的风险承受能力、投资目标和市场环境来配置资产，以实现长期的资本增值。在配置资产时，投资者应注重分散投资以降低风险。

增长型投资组合的核心是选择具有高增长潜力的股票。投资者应关注公司基本面，包括盈利能力、市场份额、管理层质量等，以及市场前景和行业发展趋势。此外，投资者还应关注公司的估值，以确保股票价格具有吸引力。

为了降低单一行业的风险，投资者应将资金分散投资在不同的行业。在选择行业时，投资者应关注具有高增长潜力的行业，同时避免过度集中在某些风险较高的行业。

增长型策略的成功依赖于深入的研究和分析。投资者应关注公司的财务报告、新闻动态和行业趋势，以获取有关公司基本面和市场环境的最新信息。通过深入分析，投资者可以更准确地评估公司的价值和潜在的增长机会。

随着市场环境和公司基本面的变化，投资者应定期调整投资组合。包括重新评估股票的选择和配置比例，以及根据市场趋势和预测调整行业分布。定期调整有助于保持投资组合与投资目标的匹配。

请问你会选择使用收入型策略还是增长型策略？为什么？

股票投资策略

任务二 选择证券投资方法

一、趋势投资法

趋势投资法的依据是道氏理论，这一理论认为，一旦股价变动形成一种趋势，就会持续相当长的时间，此时投资者应该顺应趋势，保持自己的投资仓直至市场发出趋势转变的信号。

（一）10%投资法

趋势投资法中有一种10%投资法，又称哈奇计划，以发明人哈奇的名字命名。哈奇在1888—1936年的49年间利用10%投资计划将资产从1万美元增值至19 440万美元，被称为"投资奇才"，但其他使用该方法的投资者却没有得到如此骄人的成绩。该方法具有简单机械、易于操作的特点，但要注意以下几点：一是要考虑税收和佣金因素，如果获利低于投资成本，就不宜买卖；二是投资者应主要关心市场的长期趋势或主要趋势。

（二）三成涨跌法

依照"行情平均按三成循环涨跌"的经验产生的投资方法，即不论什么股票，买进以后，价格上涨30%就卖出，下跌30%再买进。

二、定式法

定式法是以股价上涨过度必定回跌，股价下跌过度必定回涨为依据，投资者事先确定投资计划，以后不论股价如何涨跌，一律按投资计划自动进行买卖的投资方法，又称"自动投资法"。

（一）平均成本法

平均成本法是一种通过定期及定额投资累积资产（包括股票及基金）的方法。采用平均成本法有两个前提条件，一是投资者必须有长期稳定的资金可作为连续投资的来源；二是投资者必须有长期连续投资的打算和恒心，如果半途而废，将难以得到预期效果。

平均成本法优点是简便，不用选择购买时机，在股价变动的任何时候都可开始,也可在需要资金时停止投资并收回本金;可消除股价短期波动的影响,享受股价长期增值的收益。

(二)固定金额投资法

固定金额投资法又称定额法和常数投资计划法,其将投资于股票的金额固定在一个水准上,当股价上升使所购买的股票市值总额超过固定金额的一定比例时,就出售增值部分,用于增加债券投资;反之,当股价下跌使购买的股票市值总额低于其固定金额时,就动用现金或出售部分债券来增加股票购买,使投资于股票市值总额始终保持在一个固定的水准。

例如,某投资者将10万元资金投资于有价证券,其中的6万元资金投资于风险型资产——股票,4万元资金投资于防御性资产——债券,并且将投资于股票的资金总额按变动的市值予以固定。当所购股票市值增至7万元时,售出超过固定金额的1万元,使股票市值总额仍保留6万元。若所购股票的市值降至5万元,则出售部分债券,购进相当于1万元的股票,使之保持6万元的市值。

固定金额投资法的优点是容易操作,不必过多考虑投资的时机问题,对于初涉股市的新手来说,不失为可供选择的投资方法。而且,由于这种投资方法奉行了"低进高出"的投资原则,在一般情况下能够确保盈利。但如果所购股票的行情是持续上涨的,投资者不断卖出股票后就容易丧失更多的获利机会。同样地,如果股票持续下跌,投资者不断购入股票,以维持事先确定的股票价格总额,从而失去以更低价格购进股票的机会。所以,固定金额投资法在两种情况下不适宜采用:一是涨势不终的多头市场;二是"跌跌不休"的空头市场。

(三)固定比率投资法

固定比率投资法是预先确定股票和债券的比例,此比例一经确定,便不轻易变化,并且还要根据股市价格的波动不断维持这一比例。

例如,某投资者将10 000元资金以1∶1的固定比率分别购买股票和债券。当股票价格上涨,比如所购买的股票价值从5 000元上升到8 000元时,那么在投资组合中,其风险性部分的股票金额就大于保护性部分的债券金额,打破了原先确定的各占50%的平衡关系,这样投资者就要将股票增值的3 000元,按各自

50%的比例再进行分配,即卖出股票1 500元,并将其转化为债券,使二者继续维持各占50%的比例关系。反之,当投资者购买的股票从5 000元下跌到4 000元时,就要卖出500元债券以购买股票,使债券市值总额与股票市值总额仍然恢复到1:1的比例。

固定比率投资法与固定金额投资法的区别是:固定金额投资法是要维持固定的金额,并不关注股票总额和债券总额在总投资中的比率,而固定比率投资法则只考虑在一定的总投资额中维持债券金额与股票金额的固定比率。至于两者的比率如何确定,则取决于投资者对前景的预期。如果投资者喜欢冒险,富于进取,则他投资于股票的份额就可能更大一些;如果投资者比较保守,则他投资于债券的份额就可能更大,相应投资于股票的份额就更小。固定比率投资法的优点与固定金额投资法类似,具有操作简单、易于掌握的特点。采用固定比率投资法,即使股票损失惨重,但因债券的收益相对稳定,也不至于把本金赔光。由于固定比率一经确定就不宜轻易改变,因此它是一种比较保守的投资策略,会丧失一些较好的投资机会。

(四)变动比率投资法

变动比率投资法又称变率法和可变比例计划法,是以固定比率投资法为基础,允许证券组合中股票和债券的比例随证券价格的波动而适时变更的投资方法。变动比率投资法并不要求股票和债券的比例始终维持在预先确定的固定比率上。

假如某投资者投资于股票和债券的比例在开始时各占50%,当以后股值上升超过某种水准时,就出售股票减少股票的比例和增加债券的比例,或者反之。变动比率投资法的基础是确定一条股票的预期价格趋势线,当价格在趋势线上时,就卖出股票;当价格在趋势线以下时,就买入股票。在买卖股票时,也相应地买卖债券。

例如,当某只股票价格上涨30%时,就卖出50%的股票;上涨10%时,就卖出10%的股票;下跌30%时,就买进50%的股票。需要说明的是,上述规则的百分比是随意选择的,投资者在实战时应根据具体情况确定买卖的比例。

采用变动比率法克服了固定比率法中在任何情况下一律按固定比例保留股票

和债券的呆板做法，显得较为合理。但这种方法较为麻烦，既要根据各种情况确定正确的趋势线，又需要对价格变化进行持续监控，以便随时调整投资的比例。

1. 学习明星基金经理冯柳的投资风格并总结其方法的可取之处。
2. 查找"龙头战法"并说出其特点。

选择和坚持适合自己的策略

证券投资实务

任务三　建立证券投资组合

证券投资具有诸多风险因素，投资者为了避免单独投资于某一种证券而遭受绝对风险，一般情况下采用分散投资策略，即将资金分散投向若干种证券，并根据其风险的大小、盈利的多少、流动能力的强弱进行合理的搭配组合，从而把证券投资的风险降到最低。

一、建立证券投资组合的步骤

（一）确定投资目标

在建立证券投资组合时，首先需要明确投资目标。这些目标应具体、可量化，如投资者可能希望达到的年回报率，或者希望在未来某个时间点之前积累一定的财富。明确目标有助于制定相应的投资策略和计划。

（二）研究投资环境

投资环境研究是建立投资组合的重要步骤，包括对宏观经济状况、市场走势、行业动态等方面进行深入分析。通过研究，投资者可以了解各种证券的潜在收益和风险，从而为制定投资策略提供依据。

（三）制定投资策略

在充分理解投资环境的基础上，投资者需要制定相应的投资策略。这包括资产配置（即各类资产如股票、债券、现金等的比例）、风险控制、选股原则等方面的决策。有效的投资策略应以实现投资目标为导向，也要考虑风险承受能力和市场波动性。

（四）实施投资计划

实施投资计划是建立证券投资组合的关键步骤。投资者应按照既定的投资策略，通过购买或卖出证券来调整投资组合。在此过程中，投资者需时刻关注市场动态，保持灵活性和适应性，并根据实际情况调整投资组合。

（五）监控与评估绩效

投资者应定期对投资组合进行监控和评估，以确保其与既定投资目标和策略的一致性。监控包括对市场走势的跟踪分析，以及对投资组合的风险和回报的评估。评估绩效则是指根据实际回报率和风险水平，对投资组合的表现进行客观评价，以便及时调整和优化。在监控与评估过程中，投资者应客观、冷静，避免受过度自信或恐慌情绪的影响。

二、证券投资组合的类别

（一）保守型投资组合

采用这种类型的投资组合方式，其资金的分配情况应当是：将80%或全部的资金用于购买不同的具有中、长期投资价值的股票，而只将20%或20%以下的少量资金用于对短线股票的炒作。这种投资组合方式需要投资者选择那些有较高股息的股票作为投资对象，这样可以使投资者在经济稳定增长的情形下，从那些经营情况良好、投资回报安全稳定的公司的股票中获取较为满意的投资回报。但是，采用这种保守型的投资组合方式，也要求投资者时刻注意公司的经营情况的变化和国家有关的政策动向，因为任何一家公司都难以长盛不衰，它完全有可能在国家方针政策转向、产业结构调整、市场环境变化等因素的影响下由盛转衰，由盈转亏。所以，保守型投资组合虽然可以较大限度地降低投资风险，但也不能完全消除风险。

（二）投机型投资组合

这种投资组合方式正好与保守型投资组合方式相反，它是将大部分或全部的资金都用于投机性股票的一种资金组合方式。这种方式的盈利情况基本上取决于投资者对各种股票涨跌形势的准确判断，如果投资者有较强的分析判断能力、充裕的时间以及敏锐的洞察力，则采用这种投资组合方式往往能够获得比其他资金组合方式更可观的利润和收益，但同时投资者也要冒比其他资金组合方式更大的风险。

（三）随机应变型投资组合

这是投资者根据市场的具体情况决定采用何种投资组合方式的一种投资方法。这种方法认为，在股市不太活跃的情况下，应采用保守型投资组合，即将资金投入长线股中，以获取较为稳定的收入；而在股市十分活跃的情况下，应采用投机型投资组合，以便从各种股票的涨跌差价中获取更大的收益。这一投资组合方式因能够较好地适应股市的变化，而被多数投资者所采用，采用这一方法的关

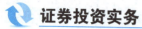 证券投资实务

键点是投资者对股市的趋势有一个比较准确的判断。

你觉得集中投资和分散组合投资各有什么特点，你更倾向哪一个？

投资稳健组合

项目七 合理使用证券投资的策略方法

任务四　制定证券投资计划

证券投资计划是证券投资者根据自己对风险的承受能力以及收益预期或未来的需要，在对投资环境、证券类型及品种等进行综合分析与判断的基础上，选定投资对象，采取灵活的投资策略，运用适当的方法运营资金，以期获得风险和收益最佳组合的一种主观行为。

证券投资计划通常包括资金分配、时间安排，以及投资方式、投资对象、进入时机选择等。在制定投资计划决定买入前，应先理性思考以下几个问题。

（1）总体趋势是否向上，现有的价位是否已经是高点或者正处于底部，是否有变盘的可能？

（2）个股的基本情况、报表数据是否可信？技术上有无较大的上升空间或上升压力？各项技术指标是否开始修复，有无失真的可能？筑底形态是否比较清晰，有无温和放量？

（3）股价是否位于底部或是高位回档？介入的时机或价位是否恰当？

（4）对介入的炒作风险是否有充分的认识？

（5）持仓应该多重？

（6）何时何价卖出？

只有考虑了以上这些问题，制定出来的投资计划才有可能是行之有效的。

一、确定投资目标

首先要明确投资目标。投资目标应该具有可衡量性、可实现性、相关性和时限性。例如，在未来5年内实现年化收益率10%。

二、选择投资策略

投资策略的类型主要有以下几种。

（1）稳健型投资策略：这种策略以保值为主，通过将投资资金分散到多种资产类别中来降低风险。

（2）进取型投资策略：这种策略以追求高收益为主，通过将投资资金集中于某些具有高成长潜力的资产类别中，获取高回报。

（3）平衡型投资策略：这种策略介于稳健型和进取型之间，通过将投资资金分散到多种资产类别中，并适当调整各类资产的配置比例，达到风险和收益的平衡。

（4）防御型投资策略：这种策略以保本为主，通过选择低风险、低收益的资产类别，如国债、存款等，保证本金的安全。

（5）价值型投资策略：这种策略以寻找被低估的资产为目标，通过深入研究公司的基本面、行业前景等因素，寻找被低估的资产并长期持有。

（6）指数型投资策略：这种策略以跟踪指数为目标，通过购买相应指数的成分股或指数基金，实现与指数同步的回报。

（7）主题型投资策略：这种策略以特定主题为投资主线，如环保、新能源等，通过选择与该主题相关的资产类别进行投资。

（8）套利型投资策略：这种策略通过寻找市场上的价格差异，利用不同市场或资产之间的价格错配进行套利。

（9）技术分析型投资策略：这种策略通过分析市场走势图、技术指标等数据，预测市场的走势并制定相应的交易策略。

以上是常见的投资策略类型，投资者可以根据自己的风险偏好、投资目标等选择适合自己的投资策略。

三、确定投资品种

在确定投资策略后，投资者还需要进行资产配置，即将资金分配给不同的投资品种，如股票、债券、基金等。一个有效的证券投资计划应该基于合理的资产配置，以实现风险和收益的均衡。

四、制定风险管理策略

投资是有风险的，因此在制定证券投资计划的同时，投资者还需要制定风险管理策略。这包括但不限于设置止损位、分散投资、定期复评投资组合、关注市场风险等。通过制定有效的风险管理策略，投资者可以更好地控制风险并保护投资本金。

风险管理是投资过程中至关重要的一环，可以采取以下措施进行风险管理。

（1）止损设置：为防止损失扩大，应设置止损点，当投资组合价值下跌到某一预定水平时，卖出相关证券。

（2）风险分散：通过多元化投资，降低单一资产投资的风险。

（3）定期风险评估：定期评估投资组合的风险，以确保其与自身风险承受能力相匹配。

五、定期监控和调整投资

制定证券投资计划只是第一步，定期监控和调整投资计划才是持续取得投资成功的关键。投资者应该定期关注投资组合的表现，并根据市场和个人情况进行必要的调整。这可以通过定期复评投资组合、监测市场情况、重新评估投资目标等方式来实现。

总结起来，制定一个有效的证券投资计划需要明确目标和风险偏好，进行充分的调查研究和信息搜集，确定投资策略和资产配置，制定风险管理策略，并定期监控和调整投资计划。通过这些步骤，投资者可以在证券市场中更有针对性地进行投资，并提高投资的成功概率。然而，投资仍然存在风险，投资者应该始终保持谨慎并获取专业意见，在决策之前充分考虑个人情况和市场实际情况。只有这样，投资者才能更好地制定有效的证券投资计划。

讨论：你觉得有没有必要提前一天写投资计划？你会选择分散投资还是集中投资一两只股票？你会选择长期投资还是短线投资？你会选择购买长线价值股还是短线情绪股？

徐翔事件

1978年，徐翔出生于浙江宁波的一个普通的小家庭，18岁放弃高考带着3万元入市，徐翔凭借惊人的超短线天赋在股市崭露头角，只用了7年的时间便从3万元炒到了几个亿，此时的徐翔已经在股市远近闻名，被市场散户称为"股市一哥"，并被封为"宁波敢死队总舵主"。

2005年，徐翔跳出了自己的炒股圈子，从宁波迁到上海，成立泽熙资产管理公司。

证券投资实务

2006—2011年，徐翔的私募公司业绩异常好，比其他私募管理公司的收益要高出一个等级，年化收益基本都保持在120%以上，比同期的沪深300要多一倍多，牛市甚至达到200%的年化收益。徐翔的管理公司通过仅仅几年的时间从十几亿资产增加到300多亿，发展非常迅猛。2011—2016年是徐翔开始落幕的几年，随着证券监管越来越严格，2011年徐翔泽熙资产管理公司被人举报，但鉴于情节不严重，没有对徐翔实施重大处罚，徐翔随后也否认了违规操作和被监管的传闻。2014年6月，徐翔再次被证券会调查。2015年11月，公安机关正式公布徐翔等人通过非法的手段获取股市内幕消息，从事内幕交易，操纵股票市场，其行为涉嫌违法犯罪。2016年4月，徐翔等人被依法批准逮捕。

2017年1月，青岛市中级人民法院正式宣判：徐翔被判处有期徒刑5年6个月，并将违法所得93亿元依法上缴国库。

以上就是徐翔事件的全过程。徐翔事件告诉我们无论如何都不能贪心，一定要遵纪守法；同时，也给后人一个警示，在证券市场中不要妄想走捷径，踏踏实实才是正途。

案例思考：

1. 徐翔为什么能够获得超额收益？
2. 你怎样看待股市操纵行为？

任务训练

1. 请结合当下中国股市实际，制定自己的投资计划，计划需要包括资金分配、时间安排，以及投资方式、投资对象、进入时机选择等（不少于500字）。
2. 拟订《股票投资计划书》。

训练要点：根据以下参考样式和自身的股票投资计划，拟定《股票投资计划书》。

一、投资项目

短线狙击：严格的资金管理，严谨的技术分析，严肃的操盘作风。

参战战场：上海（或深圳）证券交易所。

投入资金：×× 万元　　　　　预计投资回报：××%=×× 万元

投资风险：××%=×× 万元　　投资期限：预计 ×× 日左右

股票名称：　　　股票代码：　　买入价格：　　卖出价格：

止损价格：　　　止盈价格：　　启动量能：　　出货量能：

买入配置：30%—50%—20%　　卖出配置：50%—30%—20%

二、参与理由

（一）买入理由

1. 主力低位箱体窄幅震荡吸筹，底部量能明显堆积。
2. 日线周线各项技术指标发生多极共振，低位金叉形成买点。
3. 放量突破箱体上沿压力位，均线多头排列，重新形成上升趋势。
4. 主力刻意深幅打压无量跌停，随后快速启动，放量涨停拉高建仓。

（二）卖出理由

1. 日线周线各项指标多极共振，高位死叉形成卖点。
2. 股价高位横盘宽幅震荡，主力明显出货，甚至高位巨量拉涨停出货。
3. 放巨量后，股价连续破位快速反转向下，均线空头排列形成下降趋势。

三、投资策略

（一）精选优势个股，重点关注热门板块

1. 始终保持 20 支备选股。

2. 10 选 2，以质取胜。

3. 持有 3 日左右，短线波段持仓，利润 8%～15%。

（二）选股思路

稳健选股思路：一是选择估值合理的热门股，向下调整的空间小，是规避风险最佳防御品种；二是选择资金新建仓的品种，但目前数量少，短线波动较大，不容易操作。

激进选股思路：持续下跌的超卖品种短线反弹能有较好收益，但追涨风险较大，逢低介入，反弹就出局；独立思考逆向思维，主动止损操作或空仓休息，耐心等待大盘下跌后的机会。

（三）考虑因素

1. 供求关系

交易是市场经济的产物，因此，价格变化受市场供求关系的影响。当供大于求时，价格下跌；反之，价格上升。

2. 经济周期

在市场上，价格变动还受经济周期的影响，在经济周期的各个阶段，都会出现随之波动的价格上涨和下降现象。

3. 政府政策

各国政府制定的某些政策和措施会对市场价格带来不同程度的影响。市场对政治气候的变化非常敏感，各种政治性事件对价格造成不同程度的影响。

4. 社会因素

社会因素指公众的观念、社会心理趋势、传播媒介的信息影响等。

5. 心理因素

所谓心理因素，就是交易者对市场的信心程度，即"人气"。当看好市场时，即使无任何利好因素，该价格也会上涨；而当看淡时，即使无任何利淡消息，价格也会下跌。此外，一些大投机商们还经常利用人们的心理因素，散布某些消

息，并人为大量抛售或补进，谋取投机利润。

6. 金融货币变动因素

在世界经济发展过程中，各国的通货膨胀、货币汇价以及利率的上下波动已成为经济生活中的普遍现象，这给市场带来了日益明显的影响。

四、资金管理

资金管理是指资金的配置策略，以合理的风险控制来赢得持续获取利润。从实践来看，资金管理主要包括以下内容：第一，合理选择入市时机，设定头寸规模，确定获利和亏损的限度；第二，了解风险承担情况，风险暴露程度，何时该更积极地承担风险，特定时刻所能够承担的最大风险等；第三，如何加仓，何时应该认赔平仓，投资组合的设计，多样化的安排等。

资金管理要遵循以下原则。

（1）要根据承受风险能力的大小决定资金运用量。

（2）行情把握量。行情把握大，可以多投，如果行情把握不大，但又有自己的看法，可以相对少投。

（3）分步建仓的原则。

（4）均匀型原则。一般情况下，资金用量要保持均匀。

（5）分散原则。俗话说，不要把鸡蛋放在一个篮子里，要将风险分散。

五、风险控制和实战保护

（1）投资额必须限制在全部资本的80%以内，设置保护性止损指令。

（2）在任何个股上所投入的总资金必须限制在总资本的50%以内。

（3）在任何单只股票上的最大亏损金额必须限制在总资本的5%以内。

交易的规模应控制在所能承受的损失范围之内，而当交易获利时，应保护赢得的利润。

六、投资回报

每周买入3只股票，周收益目标15%以上，月获利30%～50%。

例如：某股预计上涨至××元

投入资金 =×× 万元　　　　获利 =×× 万元

最大亏损 =×× 万元　　　　投入资金盈利率 =××%

投入资金风险率 =××%　　　盈亏比率 =3∶1（或以上）

复利的例子：

假定你只有 10 万元资金，每年都赚到 10% 的利润，第 30 年年末，你就拥有 170.45 万元（10×17.45）；假定每年都赚到 15% 的利润，10 万元经 30 年就增值为 660.21 万元。大致推算，10% 的复利率，资产每 25 年增 10 倍；15% 复利率，资产每 17 年增 10 倍；20% 的复利率，资产每 13 年增 10 倍；25% 的复利率，资产每 11 年增 10 倍；30% 的复利率，资产每 9 年增 10 倍；40% 的复利率，资产每 7 年增 10 倍；50% 的复利率，资产每 6 年增 10 倍；100% 的复利率，资产每 4 年增 10 倍。

七、战术布局

（1）建仓区域：采用波段布局方式，分段建仓出货。

买入配置：30%—50%—20%，卖出配置：50%—30%—20%。

（2）进出依据：短线追涨杀跌，重大利空或技术指标转向卖出。

（3）总仓位控制：

强市：80% 仓位；振荡市：50% 仓位；弱市：不参与。

（4）出场区域：利润 8%~15%，止损 3%~5%。

八、战况总结

每次交易后，详细总结操作过程中的成功点和问题点。

任务评分标准：

序号	考核指标	所占分值	标准	得分
1	完成情况	10	是否在规定时间内完成并上交	
2	内容	60	内容完整充分、有理有据	
3	创新度	30	有自己的思考和观点	
总分				

活页笔记

学习过程：

知识重难点记录：

学习体会及收获：

实践操作总结：

参考文献

［1］中国证券业协会.证券投资分析［M］.北京：中国金融出版社，2012.
［2］霍文文.证券投资案例分析［M］.北京：高等教育出版社，2013.
［3］赵锡军，李向科.证券投资学［M］.北京：中国人民大学出版社，2018.